だれか来る日の和食メニュー

行正り香

文化出版局

目次

この本で使用している塩はすべて粗塩です。
計量の単位は、1カップ＝200㎖、大さじ1＝15㎖、
小さじ1＝5㎖です。

はじめに

『だれか来る日のメニュー』を出版させていただいてから、随分と時間がたちました。あのときは、いろんなところを旅行して出合った味を「スパニッシュ メニュー」「イタリアン メニュー」と国ごとに分けたレシピでご紹介しましたが、今回は改めて、日本だけのすばらしさに触れ直してみることにしました。そして「私にとって、どんな和食を出されたときが、いちばん記憶に残っているだろう?」と思い返してみることにしました。意外だったのは、会席料理のようにこまやかな配慮をされ、洗練された芸術のようなお料理より、「素材ドーン」というおおざっぱな料理のほうが記憶に残っているということです。丸ごと鮭を切って焼いてもらった思い出や、きのこだけの鍋をいただいたときの思い出のほうが強く、そして深いのです。結局人間、食べたすべてを思い出すことはできません。ならば強く心に残る料理でおもてなしをしたほうが、印象に残るような気がしたのです。

合鴨やかに、かきや鮎、たけのこなど、どれもスーパー安価な素材ではありません。でも本当に好きな方をおうちにお呼びして、年に何回か集まるくらいならば、レストランに行ったと思って多少のお金を出し、記憶に残るおもてなしをしてみるのも、ステキではないかな?と思っています。毎年でなくてもいいから、2年に一度の合鴨パーティだって、とってもステキです。

おもてなしをするのに大切なことも、エッセイで書き出してみることにしました。もてなしすぎて、疲れないこと。時間を逆算して準備にとりかかること。全部いっぺんに準備しようとしないこと。出しすぎないこと。食べられない食べ物はないか、ちゃんとお客さまにきいてみること(アレルギーとかもありますよね)。そして何より、愛をかけること。もてなされた側も、お礼という愛を返すこと。おいしいごはんを食べるだけではなく、共有できたスペシャルな時間を、心に残る思い出に昇華させるために、とても大切な思いやりだと思います。

お客さまがいらしたときに、季節ごとの和食のおもてなしはいかがでしょう? 難しく見える一品も、なんとか作り方を工夫して、カンタンにしています。作っていただければ「なーんだ、こんなもんか」と思われるようなものばかり(笑)。

どうぞその日の和食メニューが「あのときはおいしかったよね」と語り継がれるものとなりますよう、心を込めて、この一冊をお届けいたします。

行正り香

おもてなしを楽に、楽しいものにするための十か条

【その一】誰かのために、その一瞬のために、おもてなしをしよう。

【その二】心地よい空間を作り上げよう。

【その三】季節を意識して素材を考えよう、セッティングを考えよう。

【その四】同じ時期に同じものを味わう時間を大事にしよう。

【その五】段取りを考え抜き、あわてないで、落ち着いてもてなそう。

【その六】出しすぎず、はりきりすぎず、余韻を持たせる工夫をしよう。

【その七】おもてなしをするのは自分のため。自分が、楽しもう。

【その八】日本は生活工芸の国。生活に美を。

【その九】地方の奥深さに触れ、日本を楽しもう。

【その十】招く人は、愛を。招かれる人も、愛を。

牛メニュー

【その一】

誰かのために、
その一瞬のために、
おもてなしをしよう。

主菜

低温やわらか ローストビーフ

作り方▼12ページ

誰かと出会い共に過ごす時間というのは、二度と巡ってくることのない、一度きりのものです。家族でも恋人でも友達でも、子どもたちのためでもいい。誰かのためにごはん会を開くというのは、ある意味、もてなす側が、唯一無二の時間を作り上げる瞬間でもあるのです。たとえその瞬間に、子どもたちが走り回って、大切な器を壊し、耳を引っ張り合うような会であっても、誰かが酔っぱらいすぎてソファで寝転がって過ごしていても、振り返ってみれば「ああ、あんなときもあった」と懐かしく思う、生きてきた証拠のような時間でもあります。

誰かをお招きして、家を整え、お買い物に行き、お片づけをし、もてなすということは、労力がいるものです。お金だってかかる(笑)。だけど、「あのとき食べた、この味が忘れられない。ありがとう」と言われた瞬間、すべての思い出がコロコロと、よい思い出へと変わりはじめます。

ステキなお皿はいつか割れるし、作ったお料理だって、あっという間に胃袋の中。買ったばかりの椅子にはワインのシミがあちらこちら。でもね、思うんです。最後に残るのは記憶だけ。お金もモノも、いっしょにお棺に持っていくことはできません。いつか私自身がこの世にサヨナラする、その瞬間に感じることは、「あ〜、あのとき、楽しかったなぁ」「あの人に喜んでもらえて、うれしかったぁ」「あのお皿が割れた瞬間の、さくらちゃんのびっくり顔、かわいかったな」きっとそんなことでしかないのです。

誰かのために心を込めて料理を作るというのは、同時に、その人の心の奥深くに思い出という種をまき、いつかその種が芽を出し、育ち、花を育ててくれるかもしれないと、どこかで願っているからかもしれません。夜中までお片づけをして、「あ〜、疲れたな」と思っても、心は必ず、タプタプの思い出で満たされています。思い出といっしょに、またお酒をついで、ひとり杯を重ねる夜中も、これまたよき時間です。

本日は心を込めて焼いたローストビーフをメインに、軽い和風野菜の前菜、かぶら蒸しに、シンプルな抹茶仕立てのアイスクリームはいかがでしょう? 一期一会の時間と、なりますように。

本日のメニュー

前菜　野菜と小えびの粉ざんしょうソース
　　　鯛となめこのかぶら蒸し
主菜　低温やわらかローストビーフ
ご飯　あんこごはん
デザート　抹茶仕立てのアイスクリーム
　　　マスカルポーネクリーム

段取り

1 ローストビーフを用意する。6時間前でもかまわない。肉汁が出るので、食べる直前に切って盛り合わせる。

2 鯛となめこのかぶら蒸しの下準備をする。器に盛りつけて蒸すのは、お客さまにお出しする直前がいい。

3 あんこごはんの下準備をしておく。お米は炊きたてがおいしいので、食べる時間を逆算しながら炊きましょう。

4 野菜と小えびの粉ざんしょうソースは、お客さまが到着する30分前にとりかかる。乾燥しないようにラップをかけておく。

5 抹茶仕立てのアイスクリームは、マスカルポーネクリームを事前に用意しておく。お抹茶をたてるのはいただく直前に。

✿ テーブルセッティング、お酒の準備は、お客さまが到着する30分前を目標にすませておきましょう。

どーんと盛りつけてみよう。

前菜

野菜と小えびの粉ざんしょうソース

作り方▼11ページ

前菜

鯛となめこのかぶら蒸し

作り方▶11ページ

デザート

抹茶仕立てのアイスクリーム マスカルポーネクリーム

作り方▼13ページ

ご飯

あんこごはん

作り方▼13ページ

前菜

鯛となめこのかぶら蒸し

かぶら蒸しは作り方が複雑そうに見えて、実はカンタン。料亭のような雰囲気なのに、材料費もお手軽なのだから、作らない手はありません。冷たい前菜の後に、温かい前菜で流れをぐぐっと変える。下準備をしておけば、あとは蒸し器に入れるだけ。

材料（4人分）

鯛の切り身（4等分に切る）　100g
└塩　小さじ¼
なめこ　1パック
かぶ　小4個
卵白　1個分（よく泡立てておく）
あん
　水　2カップ
　昆布（10cm角）　1枚
　花がつお　1カップ
　塩　小さじ½
　ナンプラー（またはうす口しょうゆ）　小さじ¼
　かたくり粉　大さじ1
　水　大さじ1
ゆずの皮（あれば）　少々

作り方

1. かぶは皮を厚めにむいてからすりおろし、ざるに上げて余分な水分をきる。

2. 鯛は両面に塩をして10分以上おき、味をしみ込ませる。

3. あんを作る。鍋に分量の水、昆布を入れて強火にかける。沸騰直前に昆布を取り出し、火を止めて花がつおを加えて5分ほどおく。削り節を取り出してから、ざるで一度こす。これをきれいな鍋に移し、火にかけて塩、ナンプラーで味つけする。再び沸騰したら、同量の水で溶いたかたくり粉を加えてとろみをつける。

4. 1のかぶをボウルに入れ、泡立てた卵白、なめこといっしょに混ぜ合わせておく。

5. 器に鯛をのせ、上に4をざっくり盛り、蒸気がよく上がったら蒸し器に入れて、中火で7分ほど蒸したらでき上り。温めたあんをかけ、最後にゆずの皮があれば香りづけにのせる。お好みで黒七味を。

✿お客さまが来てから蒸し上げられるよう、準備をしておくといい。

前菜

野菜と小えびの粉ざんしょうソース

最初にお客さまにお出しするものは、目に華やかな前菜がおすすめ。作り方はびっくりするほどシンプルなのだけれど、ちょっぴり驚いてもらうためには、思い切り大きめの器を一つ持っておくといいでしょう。お盆に盛りつけてもステキ。

材料（4人分）

お好みの野菜
　（かぶ、赤かぶ、スナップえんどう、蓮根、さつまいも）
　適宜
オクラ　1パック
むきえび*　250g
*えびはゆでて売っているものでもいい。
ソース
　マヨネーズ　大さじ4
　すし酢　大さじ1
　ケチャップ　大さじ1
　粉ざんしょう　小さじ1（マイルドがいい人は少なめに）
　塩　小さじ½

作り方

1. かぶ、赤かぶなど生で食べられるものは、そのまま食べやすく切る。スナップえんどう、蓮根などゆでる必要のあるものは少しかために塩ゆでしておく。さつまいもは時間がかかるので、ほかとは別の鍋でゆでる。オクラはよく洗って、かたい部分を包丁でむき、さっと塩ゆでする。

2. むきえびは塩小さじ1（分量外）をふって、さっと水洗いしてからゆでる。表面に浮いてきたら、ざるに上げて冷水で洗い、水気をきっておく。

3. ボウルにソースの材料をすべて入れて混ぜ、小さな器に入れる。

4. 大皿の中央に3のソースを置いて、そのまわりに野菜やえびを盛りつける。

✿ビールやスパークリングワイン、冷酒といっしょにどうぞ。

主菜

低温やわらかローストビーフ

低温でじっくり焼くことで、やわらかく仕上がるローストビーフ。日本のお肉だけでなく、外国産でもおいしく仕上がる。ビーフに手が届きにくい場合は、豚のロース肉で作ってもおいしい。オーブンがあるということは、調理人が一人いるようなもの。ぜひお試しを。

材料（4人分）

牛ももの塊肉　500 g
└塩　小さじ2弱
大根おろし、ぽん酢、塩、ゆずこしょう　各適宜

作り方

1. 牛肉は全体に塩をすり込んで室温におく（写真1）。

2. 電気オーブンを120℃にして20分ほど温めておく。

3. 蒸気を作り出すためにオーブン天板に水2カップを入れ（写真2）、その上に網をのせて牛肉を置く。120℃のオーブンに入れて1時間を目安にゆっくりと火を通す（ガスオーブンまたはコンベックオーブンは火の通りが早いので50分程度でいい）。

4. オーブンから肉を取り出して皿にのせ、そのまま冷ましておく（冷めると肉汁が出なくなる）。器に盛りつけるときは7㎜の厚さに切る。

✿ ローストビーフは当日の午前中または前日に作っておくといい。一度切ってみて、肉が赤すぎると思った場合は、ラップにくるみ、プラスチックバッグに入れて水が入らないようにし、お湯につけるといい。次回からはオーブンで焼く時間を10分ずつのばしてください。お好みでおろしぽん酢、または塩、こしょうでいただく。

ご飯

あんこごはん

お赤飯を炊くのは面倒かもしれないけれど、こんなカンタンな方法でも、ほんのり甘いお赤飯風のごはんができ上り。塩気の効いたローストビーフと合います。

材料（4人分）

もち米　2合
水　360㎖
あんこ（缶詰）　大さじ4
塩　小さじ⅔

作り方

1. もち米はさっとといでから、分量の水に浸しておく。30分以上は浸しておくことが大切。もち米を普通に炊く場合は、水を少なめにするのがポイント。

2. 普通に米を炊く。炊上りにあんこ、塩を入れてざっくり混ぜる。

デザート

抹茶仕立てのアイスクリーム マスカルポーネクリーム

お茶を本格的にたてようと考えだせば難しいような気もしますが、お抹茶として楽しむことができたら、まずはそれで充分。慣れてきたらお茶をしているお友達に習ったりすると、ますます楽しい。抹茶アイスクリームとはまた別格の味わいをどうぞ。

材料（4人分）

マスカルポーネチーズ　100ｇ
砂糖　大さじ3
バニラアイスクリーム　適宜
塩、エキストラバージンオリーブオイル　好みで各少々
抹茶　小さじ2

作り方

1. マスカルポーネチーズは砂糖を加えてよく混ぜておく。

2. お抹茶をたてる。お湯を用意し、抹茶を器に一人小さじ½ほど入れる。お湯は沸騰したてではなく、ほんの少し時間をおいたほうが、抹茶の風味が逃げない。お湯を¼カップほど入れて、茶筅で全体をよく混ぜる。最初は上下に、最後には泡の部分だけを泡立てるように、茶筅を細かく上下に動かして仕上げる。余った抹茶は、冷凍庫に入れておきましょう。

3. 2の抹茶の中にアイスクリームを入れ、その上にマスカルポーネチーズをのせ、塩を少々（さらに甘みが出る）、エキストラバージンオリーブオイルがあれば、数滴風味としてたらす。
あれば抹茶の器でいただく。

✿ 質の高いエキストラバージンオリーブオイルでない場合は、かけないほうがいい。

たけのこメニュー

【その二】心地よい空間を作り上げよう。

前菜
焼きバターたけのこ
作り方▼20ページ

季節の花がいけてあったり、お香の香りが漂ってくる空間に足を踏み入れる瞬間というのは心地のよいものです。私にとって、究極的に平穏な気持ちで迎え入れてくれる空間といえばお寺ですが、中でも京都の永観堂や高桐院、高台寺などには、いつ行っても現実と非現実の切替えが行なえる入り口というものが存在し、その地点から特別な時間が始まります。お客さまをお招きするときも、実は同じ。「ここからは、ちょっとだけあなたにとって、特別な空間となりますように」そんな気持ちを込めて、空間を整えることは大切です。

玄関から始まり、お客さまのために家全体をきれいにするのは、大変であることは間違いありません！　子どものおもちゃや、脱ぎ捨てた洋服、読みかけの雑誌は所狭しといろんなところに散らばるもの。でも、お客さまが入っていらっしゃる瞬間だけでいいから、どんな広さの空間であろうと、整理整頓された〝風〟の空間にすることができれば、お客さまは心地よいなあ、と感じてくれます。人と人もそうですが、空間と人にもファーストインプレッションがあります。その一瞬がいいものであれば、後に続く料理で失敗したとしても、カバーする力すら生まれるのです。

家を整えるのにいちばん重要なことは、技術的には「少しずつやる」ということ。お客さまがいらっしゃる数日前から、トイレ、キッチン、リビングルームと小分けに掃除していけば、どーっと疲れる作業にはなりません。一方で、精神的に大切なことは「誰かのためにやる。誰かに手伝ってもらう」という気持ちを捨て「自分が心地よくなるためにやる。自分でやる」と決めることです。何事も人のためにやると考えると疲れるし、かつ誰かに手伝ってもらおうと期待すれば疲れてしまうからです。「どうして協力してくれないの?」と家族メンバーを批判するエネルギー消費量と、さっさか掃除機をかけるエネルギー消費量はきっと同じ（笑）。掃除機をかければ多少の運動ともなるので、カラダにはこちらがいいこと、間違いありません。

今日は季節のおもてなしで、たけのこづくしはいかがでしょう?　一年に一度くらいでいい。春を思い切り楽しむ一日も、ステキです。

本日のメニュー

- 前菜　焼きバターたけのこ　たけのことわかめの煮物
- 主菜　たけのこと焼きあなごのちらしずし
- 汁物代り　たけのこ茶碗蒸し
- デザート　抹茶風味のわらび餅

段取り

1. たけのこをゆでる（生のたけのこでも、水煮のたけのこでも）。
2. だしをとる。準備している間にわらび餅の準備をする。
3. たけのことわかめの煮物を作る。その間にお米をといで、ざるに上げておく。
4. たけのこと焼きあなごのちらしずしの下準備をする。ごはんを炊くのはいただく直前がいい。
5. 茶碗蒸しの準備をしておく。蒸すのはいただく直前。
6. お客さまがいらしたら、ちらしずしを仕上げる。

✿ テーブルセッティング、お酒の準備は、お客さまが到着する30分前を目標にすませておきましょう。

前菜

たけのことわかめの煮物

作り方▼20ページ

主菜

たけのこと焼きあなごのちらしずし

作り方・22ページ

汁物代り

たけのこ茶碗蒸し

作り方▼23ページ

デザート

抹茶風味のわらび餅

作り方▼23ページ

ポイント

たけのこのゆで方

たけのこは普通の鍋で炊くと、40～50分かかってしまいます。圧力鍋を使ったら、なんと、15分でオッケー。というわけで、圧力鍋があるかたは、ぜひ、おすすめです。皮ごとゆでたたけのこは、まるで栗のような味。春先だけのぜいたくをぜひ！

ポイント

たけのこの水煮の下ゆで

水煮のたけのこ（真空パック）も、一度下ゆでしてから煮物にしたり、バター焼きにすると、たけのこ独特のえぐみが少なくなります。たけのこは半分に切ってよく洗い（白い部分はアミノ酸であって、農薬ではないので、あまり細かいところまで取りきる必要はありません）、ひたひたの水につけ、火にかけて沸騰したら10分ほど煮ます。

1 たけのこは泥を洗って、外側の皮を数枚むいておく。

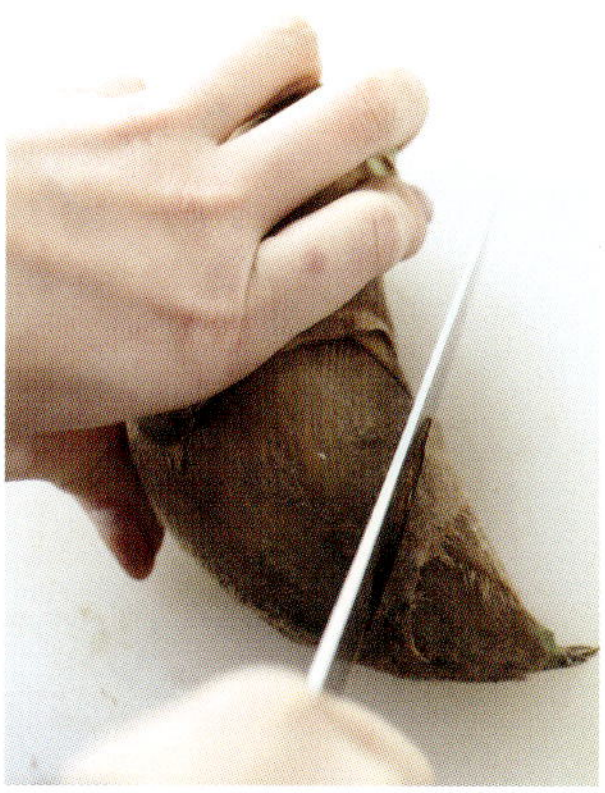

2 穂先を斜めに切り落とす。

3 皮の上から縦に切込みを入れておく。

4 圧力鍋にたけのこと少量の米を入れて、たけのこが浸るくらいまで米のとぎ汁を入れる（ぬかを入れると圧力鍋の穴が詰まってしまうので、入れないように!)。沸騰しておもりが振れたら弱火にして、15分加熱。火を止めてそのままおく。

5 冷めたらたけのこを取り出し、皮をむく。

6 株元のかたい部分だけ切り落とす。すぐに使わない場合は水につけて冷蔵庫で保存する。

前菜

たけのことわかめの煮物

たけのこは、ほんのり甘く煮たものもおいしいし、甘さはなくして、だしの味をたっぷり含ませたものもおいしい。個人的には新鮮なたけのこならば、だしの味を楽しみ、水煮で作るならば、えぐみを少々取るために、砂糖を加えたものが好きです。どちらもお試しを。

材料（4人分）

ゆでたけのこ　中2本
煮汁
　だし汁＊　2カップ
　塩　小さじ⅔
　うす口しょうゆ　大さじ1
　みりん　大さじ1
　砂糖　大さじ1（ほんのり甘めは大さじ2）
＊だし汁のとり方は21ページ参照。
わかめ（水でもどす）　2カップ
木の芽（あれば）　少々

作り方

1. たけのこは大きめの一口大に切って鍋に入れる。煮汁を注いだら、ふたをして強火にかける。沸騰したら弱火にして20分ほど煮て、火を止めてそのまま冷ましておく（たけのこは冷めていく間に味がしみてくる）。

2. わかめは一口大に切る。たけのこの鍋の端っこにわかめを入れておく。食べる直前に温め、器に盛りつけたらでき上り。好みで木の芽を散らす。

前菜

焼きバターたけのこ

水煮のたけのこでもおいしいけれど、自分でゆでたたけのこを焼いたら、これはまた別格のおいしさ。バターではなく、エキストラバージンオリーブオイルをかけてもおいしい。春に一度は味わいたい旬の味です。

材料（4人分）

ゆでたけのこ　中1個
└ 塩　小さじ⅔
オリーブオイル　大さじ2
バター　20g
粉ざんしょう、木の芽（あれば）　各適宜

作り方

1. たけのこは一口大に切る。塩を両面にまんべんなくふる。

2. フライパンにオリーブオイルを入れて、中火で熱する。片面を3～5分かけて、両面をじっくりと焼く。最後にバターを入れる。好みでしょうゆをかけてもいい。

3. 器に盛りつけ、木の芽を散らしたらでき上り。

ポイント
だし汁のとり方

材料（4カップ分）

昆布（8㎝角） 1枚
花がつお 1カップ
浄水 6カップ

1 鍋に分量の水と昆布を入れ、中火で煮はじめる。時間があるときは弱火でじっくり。

2 沸騰する直前で昆布を取り出す(昆布からは泡がサワサワサワと出てきます)。

3 火を止めてから花がつおを入れる。

4 そのまま削り節が沈むまでおく（7〜8分くらい）。ざるにペーパータオルをのせ、ボウルに受けてだし汁をこす。

✿ 保存する場合は冷蔵庫へ。

主菜

たけのこと焼きあなごのちらしずし

たけのこの甘みとあなごの甘みがとても合う、春のちらしずし。すし飯には驚くほどの塩が入りますが、塩が落ち着くとよき塩梅に。私も減らしてみようと実験してみたのだけれど、味が薄いと満足せず、ごはんを余計に食べてしまいます（笑）。でも、みなさんも実験して、自分の味を見つけてください。

材料（4～5人分）
米　3合
水　3カップ分マイナス大さじ3
　（普通より1割少なめがいい）
昆布（8cm角）　1枚
すし酢*
　酢　大さじ5
　砂糖　大さじ4
　塩　大さじ1
*塩が多いと思うし、かけた瞬間は辛いと思うかもしれないが、人肌に冷めたら、ちょうどいい味になる。
ゆでたけのこ　大1個
たけのこ用の煮汁
　だし汁（p.21参照）　1カップ
　しょうゆ　大さじ2
　みりん　大さじ2
　砂糖　大さじ1
焼きあなご（2～3cm幅に切る）　200g
むきえび　150g
錦糸卵
　卵　3個
　砂糖　小さじ½
　塩　親指と人さし指で3つまみ
木の芽（あれば）　適宜

準備

1. 米をといでざるに上げておく。といでから30分以上たってから（すぐに炊くとごはんがかたくなる）昆布といっしょに普通にごはんを炊く。

2. 炊いている間にたけのこを煮て錦糸卵を作り、むきえびをゆでる。まず、たけのこは洗って鍋に入れる。たけのこ用の煮汁を入れてふたをせずに、中火で汁気がなくなるまで煮る。5mm厚さに切って、あとは小さめの一口大（2cm角）に切っておく。

3. 錦糸卵を作る。ボウルに卵、砂糖、塩を加えてよく混ぜる。100回以上混ぜるのがポイント。

4. フッ素樹脂加工のフライパンを中火で熱し、全体に薄く行き渡るように卵液（26cmのフライパンで卵液の⅓程度）を入れ、全体をぐるりと回したら、弱火にする。

5. 15秒ほど焼いたら両手で端からつまんで、まな板にのせる。再びフライパンを中火で熱し、同じことを2回繰り返す（ひっくり返す必要もないし、重ねてもひっつかないので心配しない）。すべてを重ねて4等分に切り、端から細いせん切りにする（写真1、2）。かたくり粉を入れる人もいるが、錦糸卵は入れないほうがきれいな色になる。

6. むきえびはさっと塩（分量外）でもんで臭みを取り、流水で洗う。沸騰したお湯に入れたら10秒ほど中火でゆでて、あとは火を止めてそのままおく（こうするとパサパサにならない）。1分ほどたったら、ざるに上げて冷ましておく。

仕上げ

全体を合わせる（これはお客さまがいらしてから作業をしたほうがいい。すし飯は、なまぬるいくらいがおいしく、冷めてしまうとかたくなるため）。

1. 炊き上がったごはんを、あればおひつや竹の樽に移す（ボウルよりも水分が飛ぶ）。すし酢を回しかけ、全体を軽く混ぜる（写真3、4）。

2. 1にたけのこ、えびの⅔量ほどを加えてざっくりと混ぜ、器によそう。上から錦糸卵を飾り、焼きあなご、残りのたけのこ、えびをのせたらでき上り。あれば木の芽など、グリーンを散らすときれい。

1

2

3

4

1

汁物代わり

たけのこ茶碗蒸し

茶碗蒸しはたくさん実験してみたのだけれど、蒸し器で作るより、普通の鍋で作ったほうがとろりとしていて、美しい。ふたをずらして強火で3分、弱火で5分。あとはほったらかしておくだけ。カンタンなのにおもてなし感ばっちり。冷やし茶碗蒸しもおすすめです。

材料（4人分）

煮物のたけのこ（取り分けて小さく切る）　¼カップ分

卵汁

- 卵　2個
- だし汁（p.21参照）　1½カップ
- 塩　小さじ½
- ナンプラー　小さじ½

さっぱりあん

- だし汁（p.21参照）　½カップ
- ナンプラー　小さじ½
- かたくり粉　小さじ½
- 水　小さじ1

赤とうがらし（小口切り）　少々

芽ねぎ（あれば。みじん切り）　少々

作り方

1. ボウルに卵汁の材料をすべて加えて、ざるでこす。めいめいの茶碗蒸しの器にたけのこを入れ、上から卵汁を入れる。

2. 深さのある鍋に、網を敷いて（写真1）、水をぎりぎりまで注ぎ、器をのせる（鍋に器がつかないのが理想。熱くなりすぎるため）。茶碗蒸しのふたはしなくてもいい。

3. 鍋のふたを少しずらして（ここがポイント、鍋が熱くなりすぎない）かぶせ、強火にかけ、沸騰したら3分強火で、すぐにごくごく弱火にして5分ほど蒸す。あとは火を止めてそのままおく（余熱で火が入る）。

4. さっぱりあんを作る。鍋にだし汁、ナンプラーを入れて火にかけ、沸騰したら、分量の水で溶いたかたくり粉を入れてとろみをつける。好みで茶碗蒸しに赤とうがらし、芽ねぎを散らして、あんをかけたらでき上り。

デザート

抹茶風味のわらび餅

わらび餅って、信じられないほどカンタンで（だって粉を溶かすだけです）しかもおいしい。最近は生クリームふわふわより、あんこや蜜が好きになってきました。おばんでしょうか（笑）。でもおばんでもいい。和菓子はすばらしい。

材料（4人分）

わらび粉　¾カップ

砂糖　1カップ

水　2½カップ

きな粉、抹茶（なくてもいい）　各適宜

作り方

1. ボウルにざるをのせ、わらび粉を入れて、しゃもじなどでこすりながらふるう。

2. 鍋に砂糖、分量の水、1のわらび粉を入れて、ずっとかき混ぜながら中火で煮る。透明になったら火を止め、四角い器（耐熱皿、寒天を固めるバットなど）を一度ぬらして、そこに流し込む。冷やして固まればでき上り。

3. 好みの大きさに切って器に盛り、きな粉、抹茶をかけていただく。

山菜 メニュー

【その三】季節を意識して素材を考えよう、セッティングを考えよう。

前菜

春の山菜のてんぷら

作り方▶29ページ

桜の時期に外国人を京都に案内したことがあります。お連れした料亭の会席料理に出された椀ふたの蒔絵は桜、桜餅がのせられた器も桜の花びら。「日本人は桜が咲いていなくても、全部桜の器を使うのか?」ときかれたので、「秋になるともみじになったり、冬になると椿になります」と答えたら、驚かれてしまいました。西洋のテーブルセッティングは花で季節を表現するが、これほど季節感を映し出した器を使うことはない、作ることもない、とのこと。改めて日本人は季節と寄り添って生きているのだ、と感じた瞬間です。

よくよく考えると、日本人は素材の味という意味だけでなく、ひな祭りやお花見、七夕やお盆、お月見や正月など、行事に合わせて季節料理を作るという風習があります。春夏秋冬を24の季節に分け、それぞれの季節を立春、立夏、処暑、夏至などの言葉で細かく分けた「二十四節気」という分類もある。それぞれの季節の変化に名前をつけて愛で、直接的に歓びを伝えるのではなく、器というモノを通じて人の心に触れる。文化レベルの高い「遊びごころ」なのだなと思います。

日常レベルで料亭のかもし出す季節感を出すことは難しいけれど、ちょっとした工夫で日本の四季をテーブルに持ち込むことは可能です。まずは、スーパーのいちばん手前で売られているお野菜や魚を使うこと(笑)。実はどのスーパーも、必ず季節感を盛り込んでお客さまのためにディスプレイを変えています。早春は山菜や皮つきたけのこ、夏はなすやトマト、秋、冬はきのこ類やさんまなど、必ず手前のほうに旬のものが並ぶのだから、素直におすすめのものを手にとってみるのも、ステキなことです。

使う器が限られているならば、テーブルクロスや箸置きで工夫をすることができます。例えば桜の時期ならば、桜の枝を箸置きとして使う。紅葉の季節ならば、もみじの葉っぱを洗って、器のどこかにポンと置いておく。たったそれだけのことだけど、受け取る側にとっては、小さな季節のプレゼント。消えゆく季節の、価値のあるプレゼントでもあります。

本日のメニュー

前菜　春の山菜のてんぷら
　　　うるいとアボカド、ゆでえびのサラダ
主菜　ゆで鶏のふきのとうみそ
ご飯、汁物　山菜おこわと山菜みそ汁
デザート　寒天あんこ

段取り

1 山菜おこわのもち米の準備をする。
2 寒天あんこ用の寒天を作る。
3 ゆで鶏のふきのとうみそを作っておく。おこわを蒸しはじめる。
4 うるいとアボカド、ゆでえびのサラダを作る。
5 山菜みそ汁の準備をする。
6 山菜のてんぷらの準備をする。
✿ テーブルセッティング、お酒の準備は、お客さまが到着する30分前を目標にすませておきましょう。

前菜

うるいとアボカド、ゆでえびのサラダ

作り方・29ページ

主菜

ゆで鶏のふきのとうみそ

作り方▼30ページ

ふきのとうの苦みは、春の知らせ。

ご飯 汁物

山菜おこわと山菜みそ汁

作り方▼30、31ページ

デザート

寒天あんこ

作り方▼31ページ

前菜

春の山菜のてんぷら

早春になると、だんなさん、スーパーで必ずふきのとうやたらの芽を買ってきます。なんでも、このてんぷらを食べないと、春にならないのだとか（笑）。ワインに合わせるならば、パルメザンチーズをたっぷりかけていただくのもおすすめです。春を、どうぞ。

材料（4人分）

ふきのとう　4〜8個
たらの芽　8本
こごみ　8本
てんぷら粉　1カップほど
冷水　1カップ
揚げ油　適宜
塩、すだち（またはレモン）　各適宜

作り方

1. 山菜を掃除する。ふきのとうは底の茶色い部分を切り、葉を広げて花を見せるようにする（写真1、2）。たらの芽は茶色い部分を包丁でぐるりとむく（写真3、4）。こごみは茎の部分のぎざぎざをペーパータオルでふき（写真5）、食べやすく切る。

2. てんぷら粉をボウルに入れ、必ず冷水を注いで箸でよく混ぜる。揚げ油を170℃に熱して、食べる直前に山菜を揚げる。ふきのとうは、てんぷら衣をつけたら花の部分を下にして揚げるのがポイント。たらの芽、こごみも衣をつけてからりと揚げる。

3. 油をきっててんぷらを器に盛り、塩とすだちでいただく。

✿ 揚げ油はフィルターつきの油こし器を使うと、こす処理をすることなく、何度も使い回しできる。

前菜

うるいとアボカド、ゆでえびのサラダ

うるいというのは、最近スーパーに出回りはじめた山菜。適度なぬめりがあって、味にはアンディーブのような苦みもあり、洋風のマヨネーズドレッシングでも、和風にごま油と塩、レモンだけでも合う野菜。ぜひお試しを。

材料（4人分）

うるい　1パック（2茎分）
ゆでえび　200g
ドレッシング
- アボカド（フォークでつぶす）½個分
- マヨネーズ　大さじ2
- はちみつ　小さじ½
- 塩　小さじ½
- こしょう　適宜

作り方

1. ボウルにドレッシングの材料を入れて混ぜておく。

2. うるいはほぐして、5cm長さに切る。

3. 1のボウルにえび、うるいを加えて、全体をあえたらでき上り。

ご飯

山菜おこわ

もちもちした食感と、ほんのり甘き味わい。おこわっておいしいですね。今回は山菜ですが、たけのこ、鶏肉、きのこ、栗などを入れてもおいしいです。カンタンな方法では、レンジで蒸したり、圧力鍋で蒸す方法もありますよ。味つけは同じで、いろんな方法で試してみましょう。

材料（4人分）

もち米　3カップ
山菜の水煮ミックス　1½カップ（約300g）
干ししいたけ（水でもどす）　大2枚（または小3枚）
合せ汁
- 干ししいたけのもどし汁　½カップ
- ナンプラー*（またはしょうゆ）、みりん　各大さじ2
- 砂糖　大さじ1
- 水　½カップ
- 塩　小さじ⅓

*だし汁を使わないので、ナンプラーがおすすめ。
打ち水　1カップ
ナンプラー　大さじ1
ゆでた菜の花（あれば）　適宜
仕上げの塩　少々

作り方

1. もち米は洗ってからボウルに入れ、たっぷりの水に3時間以上（前日からでもOK）浸し、ざるに移して水気をきる。

2. 蒸し器の下段に水をたっぷり入れて沸騰させる。よく洗って水気を絞ったぬれぶきんを敷いてもち米を入れ（写真1）、ふきんの端を上にかぶせる。中火にして20分ほど蒸す。

3. 蒸している間に山菜の具を作る。鍋に山菜ミックス、みじん切りにした干ししいたけを入れ、合せ汁を注いでふたはせずに10分ほど弱火で煮る。

4. 20分蒸したもち米に、打ち水をする（写真2）。かけるときにやけどしないように、火を止めてからやりましょう。さらに3の山菜の具を汁ごとかけ（写真3）、分量のナンプラーを足して、スプーンかしゃもじでざっくり全体を混ぜる（写真4）。さらに20分ほど蒸したら火を止めておく。

✿ ここまでは客の来る直前に仕上げておくか、朝作っておいてもいい。食べる直前に再度蒸して熱々をお出しする。温めるのに10～15分はかかるが、蒸しても米がやわらかくならないので、事前に準備して大丈夫。大きな器によそい、あれば菜の花を添える。好みで塩を足せるように、テーブルに置いておく。

主菜

ゆで鶏のふきのとうみそ

ふきのとうみそって、作り方はとてもカンタン。だけどこの苦みやうまみは、なかなか味わうことのない季節のぜいたく品です。今回は鶏肉に使ったけれど、牛肉や白身の魚にのせてもおいしい。お豆腐にも合いますよ。

材料（4人分）

鶏むね肉（皮なし）2枚
ふきのとうみそ
- ふきのとう　5～6個（ひとつかみ）
- 信州みそ　大さじ3
- みりん　大さじ2
- 砂糖　大さじ1
- ごま油　大さじ1
- 粉ざんしょう　小さじ1（またはとうがらし　少々）

作り方

1. 鍋に鶏肉を入れて、水3カップほどを加えてゆではじめる。沸騰したら2分ほどゆで、ここにふきのとうを加えて、さらに2分ほどゆでて火を止め、取り出す。鶏肉は余熱で火を通すために、ふたをのせてそのまま冷ましておく。

2. ふきのとうは水道水でよく洗い、水を絞ってから粗みじん切りにする。鍋にごま油を入れ、ふきのとう、粉ざんしょうを加えて炒める。ここに、信州みそ、みりん、砂糖を加えてよく混ぜたらでき上り。

3. 冷めた鶏を5㎜厚さの薄切りする。塩（分量外）少々をかけ、ふきのとうみそをかけたらでき上り。

✿ 前日に用意しておくといい。ふきのとうみそは、多めに作って冷凍しておくといい。

デザート

寒天あんこ

あんこの缶詰さえあれば、いともカンタンにできるデザートの一つです！　大人だけでなく、ほんのりした甘さが子どもも大好き。おみやげに持っていっても喜ばれるでしょう。

材料（4人分）

寒天　½本
水　3カップ
あんこ（缶詰）　200ｇ（約小1缶）
湯　50㎖
抹茶（なくてもいい）　少々

作り方

1. 寒天は水に浸してもどしておく。やわらかくなったら、よく絞って水をきる。

2. 鍋に分量の水を注ぎ、寒天をちぎって加える。火にかけて沸騰したら弱火にして、よく溶かす。

3. 水でぬらした型（ぬらすと寒天がはずれやすい）、または平たい容器に2を平らになるように注ぐ。これを冷蔵庫で冷やす。

4. 缶詰のあんこを小鍋に入れて、分量の湯を注いでなめらかにのばす。

5. 3が冷え固まったら適当な大きさに切って、上からあんこをかける。あれば抹茶をかけてでき上り。

✿ 寒天をたくさん食べたい場合は、倍の量で作るといい。市販の黒蜜をかけてもおいしい。

汁物

山菜みそ汁

山菜づくしの日は、お汁も山菜で。

材料（4人分）

山菜の水煮ミックス　1カップ
昆布（10㎝角）　1枚
花がつお　1カップ
白みそ　大さじ3〜4
信州みそ　大さじ1

作り方

1. 鍋に水4カップと昆布を入れて火にかけ、ゆっくりと熱して沸騰する前に昆布を取り出し、火を止めて花がつおを加え、そのまま沈むのを待って、一度こす。

2. 鍋に1のだし汁を入れて火にかけ、山菜の水煮を加えて温め、みそで調味する。

鮎 メニュー

主菜

鮎の塩焼き

作り方▼38ページ

【その四】

同じ時期に 同じものを味わう

時間を大事にしよう。

毎年7月の第3土曜日に、鮎を食べさせてくれる宿に泊まりに行く仲間がいます。なんと、今年で20年目です。もともとは仕事をいっしょにしていた仲間。家族が増えたり、子どもが独立したり、みんなの人生にも変化がありました。でも夏の暑い盛りに、瓶ビールをあけて、ひぐらしの鳴き声を聞きながら飲みだしたとたん、心は20年前に戻ります。「いやあ、あのころは徹夜したね」「行正が地下鉄で上司にどなられているとき、寝たフリしちゃったよ」毎年同じような思い出話をしたころに、鮎づくしごはんの始まりです。これまた毎年同じ料理です。鮎のうるか（内臓で塩辛のようなもの）から始まり、おさしみ、塩焼き、鮎ごはんと続きます。ごはんを食べ終わったら、毎年浅草の花火屋で買う打上げ花火を河原でやります。かなりゴーカな花火です（笑）。私がいつも楽しそうにしているせいか、娘たちも毎年楽しみにしていて、このお宿を「自分の夏の家」と思い込んでいるようです。毎年同じ日に集まって、同じものを食べ、同じような花火をし、ゲームをして夜更しし、そして次の日朝ごはんを食べて帰る。この日が来なければ、私たちにとって夏は始まらず、この日があるから、来年の夏まで、がんばることができるのです。

大切な友達とは、何か同じものを決められた日に食べる日を、決めておくのもステキです。季節を感じながら、時間の経過を感じながら、変化と、そして同時に何も変わらない互いの心を感じる時間というのは、ありそうでいて、実はまれにしか巡りあうことのない稀有な時間です。鮎と蟬でもいい。イタリアンと桜でもいい。薬膳鍋と年末でもいい。メニューは決めて、これで7年目だね、8年目だね、10年目だね、18年目だねと、少しずつ重ねていけたらいい。いつかポツンと終りが来るのだろうけれど、それはしかたのないこと。それまでは、一枚ずつ思い出を積み重ね、時間を積み重ねて、最後は手のひらで包みたくなるような、宝石よりも大切な思い出というものができ上がるような気がします。

今日は20年目の鮎料理を少しだけアレンジして。ぜひみなさまにも、夏の思い出を。

本日のメニュー

- 前菜　鮎となすの揚げ物　さんしょう風味／豆腐のみそ漬け
- 主菜　鮎の塩焼き
- ご飯　鮎とあさりの炊込みごはん
- 汁物　水なすとみょうがの赤だし
- デザート　ぶどうのワイン煮　アイスクリーム添え

段取り

1. 鮎とあさりの炊込みごはん用の米をといでおく。
2. 豆腐のみそ漬けを作る。
3. ぶどうのワイン煮を作って冷やしておく。
4. 鮎となすの揚げ物の準備をする。
5. 水なすとみょうがの赤だしの準備をする。
6. お客さまがいらしてから、鮎に塩をふる。同時に鮎となすの揚げ物を作る。
7. 炊込みごはんを炊きだす。

✿ テーブルセッティング、お酒の準備は、お客さまが到着する30分前を目標にすませておきましょう。

前菜

鮎となすの揚げ物 さんしょう風味

作り方▼37ページ

前菜

豆腐のみそ漬け

作り方▼37ページ

汁物

水なすとみょうがの赤だし

作り方▼39ページ

ご飯

鮎とあさりの炊込みごはん

作り方▼38ページ

鮎を食べたら、
夏が始まる。

デザート

ぶどうのワイン煮 アイスクリーム添え

作り方▼39ページ

前菜

鮎となすの揚げ物 さんしょう風味

揚げた鮎って、最高なんです。味が濃くなるというか、うまみが増すというか。いっしょに季節のなすを揚げて、夏を楽しみましょう。

材料（4人分）

鮎　4尾
- 塩　小さじ1弱
- こしょう　少々

なす　大1本
かたくり粉、揚げ油　各適宜
粉ざんしょう　少々
レモン　適宜

作り方

1. 鮎は三枚におろし、さっと水で洗って水気を軽くふく。塩、こしょうして、かたくり粉をたっぷりめにつける（洗った後にペーパータオルで水分を取りすぎないことがポイント。ある程度の水分があるから、かたくり粉がつく）。

2. なすは一口大に切っておく。

3. 揚げ油を中温に熱する。なすをさっと揚げて、塩（分量外）をぱらぱらとかけておく。鮎もさっと揚げて、器に盛りつける。好みで粉ざんしょうをかける。半月形に切ったレモンを添えてでき上り。

前菜

豆腐のみそ漬け

ちょっとしたつまみに、塩こうじで作ってみたところ、ちょっとチーズのような感触でおいしい。まあ、のんべえのつまみのようなものですが、材料費も安いので、ぜひ、作ってみてくださいね！

材料（4人分）

木綿豆腐　1丁
ソース
- みそ　大さじ1
- 砂糖　大さじ1
- 酒　大さじ1
- 塩こうじ　小さじ2

ゆずこしょう　適宜

作り方

1. 豆腐はペーパータオルにはさみ、30分ほどおいて、水きりをしておく。ソースの材料を混ぜ合わせておく。

2. 1のペーパータオルの水気をよく絞り、ここにソースの⅓量を広げる。豆腐をのせて、⅓量のソースをのせ、側面にも残りのソースをつけて、ペーパータオルでくるみ、2時間以上おく。

3. 2を5㎜幅に切って器に盛り、好みでゆずこしょうを添える。

ご飯

鮎とあさりの炊込みごはん

鮎だけで作る炊込みごはんもおいしいけれど、鮎とあさりを組み合わせると、またまたうまみが深くなります。ポイントは炊くときの水の量をある程度少なめにすること。鮎やあさりから出る水分を計算しています。

材料（4人分）

米　3合
水　3合分マイナス大さじ3
鮎　4尾
あさり　1カップ
昆布（8cm角）　1枚
酒　大さじ2
ナンプラー　大さじ1
塩　小さじ1½
青じそ（せん切り）　10枚分
みょうが（みじん切り）　2個分

作り方

1. 鮎は内臓を取り除いておく。あさりはよく洗って砂抜きをしておく。米はといで、一度ざるに上げ、土鍋、または鍋に入れて、同量の水を入れたら大さじ3だけ水を取り除く（鮎やあさりから水分がたくさん出るため）。

2. 1の鍋に昆布を入れて 鮎をのせる。頭はついたままでいい(鮎は骨も頭も全部食べられる)。

3. 2にあさり、酒、ナンプラー、塩を入れる。鍋を強火にかけ、沸騰して吹きこぼれそうになったら(だいたい5～7分くらい)、弱火にして13分で炊上り。

4. 仕上げに青じそとみょうがを混ぜたらでき上り。箸で鮎の頭や小骨、ひれを取る。

主菜

鮎の塩焼き

なんといっても、鮎は塩焼きです。なにしろ鮎は、頭からしっぽまで、内臓も含めて全部食べられるんです。スーパーでお願いしておくと、多めに仕入れてくれるので、鮎づくしを作るときは、ぜひ、スーパーに連絡してみてくださいね。お取寄せもありますよ。

材料（4人分）

鮎　4尾
└塩　小さじ2
レモン　½個

作り方

1. 鮎は内臓をつけたまま、さっと洗って軽く水気をふき、塩をふっておく。

2. 魚焼きグリルを温めておく（金具に皮がつかなくなる）。鮎の表側（器にのせたときに、左側に頭がくる方向）を3～4分ほど強めの中火で焼いて、ひっくり返す。裏側を3～4分焼いたらでき上り。

3. 器に盛りつけ、レモンをかけていただく。

✿好みでしょうゆをかけても。

汁物

水なすとみょうがの赤だし

水なすって、おいしいんです。なんとなくかたい西洋梨のような、不思議な感触。火を入れるより、生を楽しんでいただきたい野菜です。

材料（4人分）

水なす　1個
みょうが　2個
だし汁（p.21参照）　4カップ
赤だしみそ　大さじ5～6

作り方

1. 水なすは一口大の薄切りに、みょうがは半分に切ってから薄切りにしておく。

2. だし汁に赤だしみそを溶いて、さっと煮立てる。ここに水なすとみょうがを入れ、火を止めてでき上り。

デザート

ぶどうのワイン煮アイスクリーム添え

ぶどうを砂糖で煮るだけで、とてもおいしいデザートに。アイスクリームと合わせるとゴージャスな雰囲気ですよ。

材料（4人分）

ぶどう（ピオーネなど紫色のもの）1房
白ワイン　1カップ
グラニュー糖　½ カップ
レモンの皮　½ 個分
レモン汁　1個分
アイスクリーム　適宜

作り方

1. ぶどうは皮をむけるタイプはむく（アメリカ産などむけないタイプはそのままでOK）。むいた皮はとっておき、ペーパータオルに包んでおく（色を出すため）。

2. 鍋にぶどう、白ワイン、砂糖、むいた皮を入れて強火にかける。沸騰したら弱火にして10分ほど煮る。

3. よく洗ったレモンの皮をすりおろしたもの、レモン汁を加えたら火を止めて冷ましておく。ぶどうのワイン煮だけでもいいが、おなかに余裕があればアイスクリームの上にかけていただく。

きのこと豚メニュー

【その五】
段取りを
考え抜き、あわてないで、
落ち着いて
もてなそう。

前菜

きのこのさんしょうフリット

作り方▼45ページ

誰かをお呼びするとき、いちばん大切なのは「想像力」です。その人がどんな気持ちでごはんを食べにきてくれて、どんな気持ちで帰っていくか、イマジネーションを膨らますことが大切です。ドアを開けたら気持ちよく入っていただき、心地よい居場所を作り、心地よいスピードでごはんをお出しする。待たせすぎてもいけないし、矢継ぎ早に出てくるのもムードがありません。かつ大切なことは、「招き人」が、食卓を不在にしないことです。そのためには、お客さまがいらっしゃる前に、すべてのメニューの下準備を整え、揚げ物をするならば揚げ油を鍋に入れ、食卓の準備も整え、キッチンをある程度片づけてしまうことも大切です。ここまで段取りを考えて、やっと自分も「招かれ人」と同じように、食事会を楽しむことができるのです。ときどき「り香さん、ごはん作りながらお酒飲んでて魔法使い?」ときかれることがありますが（笑）、なにしろ適度に酔っぱらいながらおいしいお酒をいただくためにごはんを作っているのだから、事前準備は重要です。とはいえ、何時間もかけたのでは、疲れきってしまう。というわけで、私のメニューは1時間半あれば、すべてできるようになっていて（慣れない方は追加1時間お願いします!）19時にお客さまを呼ぶなら、17時に調理を始めて、18時半からは片づけを始める、とアバウトに決めています。掃除と買い物だって、タラタラやっていたら時間がどんどんたってしまうので、15時から2時間ですませてしまう。それ以外は前日に準備をすると決めれば、今度は朝から15時までフリータイムになります。つくづく思うのですが、人間「締切り」がないと動きません。「はい、ここまで!」という時間を決めたらぴしぴし動きはじめるので、後からやることは今やらないでいいのです（笑）。

落ち着いて人を迎えるには、これはもう、回数をこなすしかありません。同時に、相手を落ち着かせるには、ゆっくり、ゆったり、動くことが大切です。あせってガチャガチャ動く人を見ていたら、招かれた人もあせってしまう。お茶をたてるように、姿勢よく動くように努力をすれば、そこにはゆったりとした時間が流れるような気がします。

段取りよくきのこメニューをセットして、ビールに日本酒、焼酎なんて、いかがでしょう?

本日のメニュー

前菜　きのこのさんしょうフリット
　　　焼きなすと焼きしいたけのサラダ
主菜　きのこと豚の鍋
ご飯代り　ほうとう汁
デザート　蒸しプリン

段取り

1 蒸しプリンを作っておく。前日でもいい。
2 焼きなすと焼きしいたけのサラダを作って冷蔵庫に入れておく（2時間前でもいい）。乾燥しないようにラップをかけておく。
3 きのこと豚の鍋の材料を用意しておく。ほうとう汁も準備。
4 きのこのさんしょうフリットの準備をする。油は揚げる直前に温め、揚げる間は調理場を離れないこと。
✿ テーブルセッティング、お酒の準備は、お客さまが到着する30分前を目標にすませておきましょう。

前菜

焼きなすと焼きしいたけのサラダ

作り方▼45ページ

主菜

きのこと豚の鍋

作り方▼46ページ

ご飯代り

ほうとう汁

作り方▼46ページ

ほっこりデザートの幸せ。

デザート

蒸しプリン

作り方▼47ページ

きのこは市販品なら何を使ってもいい。

前菜

焼きなすと焼きしいたけのサラダ

焼きなすを作るときは、「あせらない」ということがポイント。ついついもういいかな、と取り出してしまうけれど、まず1回目はレシピに書いた長さで焼いてみてください。

材料（4人分）

なす　4本
生しいたけ　4枚
ソース
ぽん酢、すし酢、ごま油　各大さじ2
大根おろし　½カップ（軽く水気を絞る）
しょうが（すりおろす）　大さじ2

作り方

1. なすは2本を左右の手に持ち、互いをパンパンと打ちつけて、身離れしやすくする。これを魚焼きグリルで強火で7分焼き、裏返してさらに3分ほど焼く。粗熱が取れたら皮をむいて、一口大に手で裂いておく。

2. 次いでしいたけも魚焼きグリルでさっと焼いて、食べやすい大きさに切っておく。ソースの材料は合わせておく。

3. なすとしいたけを器に盛りつけ、食べる直前にソースをかけたらでき上り。

前菜

きのこのさんしょうフリット

フリットを作るのに、私が探したベストな方法は、てんぷら粉と冷たい炭酸水を使うことです。炭酸水を使うと、びっくりするほどサクサクになります。使った油は、油こし器でこして使えば、数か月は全然、もちますよ！　私はあまり油を捨てません。

材料（4人分）

好みのきのこ（まいたけ、白まいたけ、エリンギなど）
2パックほど
てんぷら粉　大さじ1
てんぷら粉　1カップ
粉ざんしょう　小さじ1（辛いのが苦手な方は少なめに）
冷たい炭酸水　1カップ
揚げ油　適宜
レモン　少々
塩　適宜

作り方

1. まいたけ、白まいたけは洗わずに（洗うと水っぽくなる）、大きめの一口大に切る。エリンギは食べやすい大きさに切る。きのこに分量のてんぷら粉をまぶしておく。

2. ボウルにてんぷら粉、粉ざんしょうを入れ、冷たい炭酸水を注いでよく混ぜる。

3. 油を中温に熱する（160～170℃）。油にてんぷら衣を落として、さっと浮き上がったら、まいたけ、白まいたけ、エリンギにそれぞれ2の衣をつけて、さっと揚げる。レモンと塩を添えてどうぞ。

主菜

きのこと豚の鍋

きのこたっぷりの鍋というのを、初めて食べたのはヴェトナムでした。それはそれは感動！　きのこって、種類が違うと味も違う。食感も違う。いろいろ具材を変えてアレンジしていますが、こちらの豚も最高ですよ。レモンをふりかけたり、とうがらしをどうぞ。

材料（4人分）

きのこ（4種類）＊　10カップほど
＊しいたけ、まいたけ、白まいたけ、えのきだけ、ひらたけ、なめこなどお好みのもの。
豚バラの薄切り肉＊（またはしゃぶしゃぶ用の肉）　300g
＊豚バラは脂が多いが、うまみもある。
ごぼう　1本
せり　1束

だし汁
- 水　10カップ
- 昆布（10cm角）　2枚
- しょうが（薄切り）　5枚
- にんにく（薄切り）　1かけ分
- 花がつお　1カップ

調味料
- ナンプラー、しょうゆ　各大さじ1
- 塩　小さじ2

レモンソース
- レモン　2個
- 味つけ塩こしょう（市販品）＊　小さじ2

＊ダイショー、S&Bなど。
ゆずこしょう、黒七味　各適宜

作り方

1. 鍋に分量の水、昆布、しょうが、にんにくを入れて強火にかける（写真1）。沸騰したら火を止め、花がつおをざるに入れて浸し、そのまま10分ほどおいてこす。

2. きのこはそれぞれ汚れをふき取り、食べやすい大きさに整えておく。せりは8cm長さに切る。ごぼうは皮をこそげ落とし（金たわしで洗うといい）、ピーラーで薄切りにして水に放しておく。

3. レモンソースを作る。ボウルに2個分のレモン汁を入れ、市販の味つけ塩こしょうを混ぜておく。

4. 鍋に1のだし汁、調味料、2のきのこ類、ごぼう、豚肉をどんどん入れていく。きのこは山盛りで入れてもすぐにかさが減る。せりをさっと煮て、他の具材とともに器によそって、3のレモンソース、ゆずこしょう、黒七味をかけていただく。

✿ 好みで香菜を加えてもいいし、赤とうがらしをふってもおいしい。

ご飯代り

ほうとう汁

ほうとうって、存在を忘れている方も多いかと思いますが、おいしいんです!!　うどんとも違うし、すいとんとも違う。でもたまに食べると、「これはもっと食べなくちゃ」と思う（笑）。ぜひ見つけて、お試しを！

材料（4人分）

ほうとう　3～4人分

作り方

鍋の余った汁に、ほうとうを入れて煮る。汁が足りなければ水を足し、少しナンプラーで味をつけるといい。

デザート

蒸しプリン

オーブンで焼いたプリンもおいしいですが、蒸したプリンもトロトロしていておいしいんです。蒸し器ではなく、大きめの鍋に蒸しラックを敷いて作ることができるので、とても楽ですよ！

材料（4人分）

卵　2個
卵黄　1個分
牛乳　250㎖
生クリーム（あれば。なければ牛乳を）　50㎖
砂糖　大さじ4
バニラエッセンス　少々
カラメルソース（4〜6人分）
　砂糖　大さじ7
　水　大さじ2

作り方

1. まずカラメルソースを作る。フライパンに砂糖を入れて中火で熱する。濃い色になってきたら（理想の色の一歩手前で止めないと焦げてしまう）一度ぬれぶきんの上にのせ、分量の水を加えて少々やわらかくし、まだ熱いうちに耐熱性のガラスまたは陶製の器に分け入れる（火の通りがやわらかい）。

2. ボウルに卵、卵黄、牛乳、生クリーム、砂糖、バニラエッセンスを入れてよく混ぜ合わせる。これを1の容器に注ぐ。

3. 鍋に蒸しラックを敷き、その上に水をひたひたに注ぐ。火にかけて沸騰させたら、1を入れて強火3分、弱火で5分、火を止めて5分おく。

4. 粗熱が取れたら、冷蔵庫に入れて冷やしておく。

鮭 メニュー

主菜

鮭とイクラの土鍋おこわ

作り方▼54ページ

【その六】
出しすぎず、
はりきりすぎず、
余韻を持たせる
工夫をしよう。

お客さまをお招きするときに思い出したい言葉の一つに、「過ぎたるはなお及ばざるがごとし」というものがあります。ごはんでもお酒でも、いっぱいいっぱいになるまでお出しすれば、最後はもてなしを受けたほうはどうしても苦しくなります。招かれる人のカラダにとって負担になるのであれば、それは好ましいことではない。特に、日々ダイエットに励む女性にとって「食べて食べて」は苦痛になります。というわけで、私は「好きな量をどうぞ」「多かったら残してね」と声をかけることにしています。最高のおもてなしは、たらふく出して、たらふく食べて帰ってもらうということより、ほどよい状態で心地よく帰っていただくことにあると思うからです。

音楽でもインテリアでも、料理でもお酒でも、そして人間関係でも、どこかに余韻を残すというのは大切です。もっと食べてみたかったな。もっと聞いていたかったな。もっといっしょにいたかったな。その余韻を残すには、何事も引き際のタイミングとそのときの態度が大切なのかもしれません。お酒もどんどん出すのではなく、代りにそっとお水を出す思いやり。コンサートでもたくさん演奏するのではなく、ピークで終わる勇気。友達とバーで飲んでいたくても、明日互いにすっと起きられる時間にさよならを。もっともっとと思う心にすっとレースのカーテンをかけ、静かに立ち去る心構えを持つことも大切な気がします。

余韻を持たせるもう一つの方法は、ゆるやかな所作で行動することかもしれません。私にとっては遠い世界ですが、お茶会などに行くと、その所作のスピードに優雅さと落着きを感じます。お道具の扱い方、ふすまの閉め方、お茶の出し方、すべてゆらりゆるやかで、時間の流れを変えてくれる静かなパワーを持ちます。だから私も、なるだけ、誰かいるところではゆったり動いてみようと思います。キッチンでちょっと片づけるにも、器を下げるにもゆるやかに。そうすれば人の心にガチャガチャとした音が響かず、味の余韻も、香りの余韻も残るかもしれません。

本日は鮭づくしで、秋の余韻をお楽しみいただくメニューはいかがでしょう？　もっと食べたいかな、というときは、フルーツでもお出しするのもステキです。

本日のメニュー

前菜　たこときゅうり、
　　　みょうがの酢の物
　　　生鮭の味つけ
　　　塩こしょうフライ
主菜　鮭とイクラの土鍋おこわ
汁物　生湯葉のみそ汁
デザート　ゆずと酒のシャーベット

段取り

1 シャーベットは朝のうちに作っておく。前日でもいい。
2 おこわの米をといでおく。
3 たこときゅうり、みょうがの酢の物を作って、ラップをかけて冷蔵庫に。
4 フライの準備をしてバットにのせ、ラップをかけて冷蔵庫に。
5 みそ汁の準備をしておく。
6 おこわはお客さまがいらして、前菜を食べた直後に炊きだす。炊きたてをお出しするために。
7 フライの準備をする。油は揚げる直前に温め、揚げる間は調理場を離れないこと。

✿テーブルセッティング、お酒の準備は、お客さまが到着する30分前を目標にすませておきましょう。

前菜

生鮭の味つけ塩こしょうフライ

作り方▼53ページ

前菜

たこときゅうり、みょうがの酢の物

作り方▼53ページ

汁物

生湯葉のみそ汁

作り方▼55ページ

デザート

ゆずと酒のシャーベット

作り方▼55ページ

前菜

たこときゅうり、みょうがの酢の物

酢の物は、合せ酢が立ちすぎると、意外と食べにくいものです。だけどこれは我ながらおすすめ（笑）。たこだけでなく、山芋とゆでたえび、わかめと帆立など、いろいろと試してみてくださいね。

材料（4人分）

ゆでだこ（北海道の水だこもおすすめ）　200 g
きゅうり　1本
生わかめ（塩蔵）　1カップほど
しょうが（せん切り）　大さじ1
みょうが　3個
合せ酢
　昆布（5cm長さ）　1枚
　酢　大さじ6
　砂糖　大さじ$1\frac{1}{2}$
　塩　小さじ$\frac{1}{3}$
　うす口しょうゆ（あれば）　小さじ1
　赤とうがらし（好みで。みじん切り）　少々

作り方

1. 鍋に合せ酢の材料をすべて入れ、中火にかける。沸騰したら火を止め、冷めるまでおく（2～3倍量作って、冷蔵庫で冷やしておいて活用するといい）。

2. きゅうりは小口から薄切りにして、塩小さじ$\frac{1}{4}$（分量外）でもみ、水気が出てきたらぎゅっと絞る。

3. 生わかめは流水でさっと洗ってから、ボウルに水をたっぷり入れて5分ほどつける。つまんで食べてみて塩気が強かったら、さらに水を替えて5分ほど浸しておく。よく水気を絞って食べやすい大きさに切る。

4. たこは薄切りにしておく。みょうがはせん切りにしておく。

5. 器にたこ、きゅうり、わかめ、しょうが、みょうがを盛り、合せ酢をかける。いただくときに混ぜる。

✿ 大皿に盛りつけてもいい。

前菜

生鮭の味つけ塩こしょうフライ

友人がうちに来てこの生鮭を食べたときに、こんなにおいしいのは何か作り方が違う、と言います（笑）。何が違うって、こちらの味つけ塩こしょう、実は塩とこしょう以外にも、うまみ成分などが入っているので、うまみが出るのです。ぜひお試しいただきたいなぁ。

材料（4人分）

生鮭　2切れ（300 gほど）
　味つけ塩こしょう（市販品）*
　　小さじ$\frac{1}{3}$
*ダイショー、S＆Bなど。
てんぷら粉（薄力粉でもいい）
　適宜
卵　1個
パン粉　1カップほど
揚げ油　適宜
ぎんなん（あれば）　適宜
レモン　少々

作り方

1. 生鮭は8等分に切り、味つけ塩こしょうをふって15分ほどおいて、鮭に味をしみ込ませる。味つけ塩こしょうは、普通の塩とこしょうよりうまみ成分も入っていて、生鮭にぴったり合う（豚肉などにも合うので、ぜひ一瓶どうぞ）。300gに対し小さじ$\frac{1}{3}$を目安に。

2. 卵はといてバットに入れる。てんぷら粉、パン粉もバットまたは大きめの皿に入れておく。薄力粉の代りにてんぷら粉を使うと、さくっと仕上がる。1の鮭に、てんぷら粉、卵、パン粉を順につける。

3. 揚げ油をフライパンなどに入れる。3～4cmの深さでいい。最初は中火より強めの火で、温まってゆらゆらしてきたら中火にしておく。パン粉を入れて、さっと上に上がってきたら（沈むようではまだ温度が低い。焦げるようでは高すぎる）鮭を入れる。最後にぎんなんも加えていっしょに揚げる。器に盛りつけ、塩（分量外）をパラパラふる。好みでレモン、またはすだちを添える。

✿ 揚げる直前まですべて用意をしておき、食べるときに揚げるのが理想。火を必ず消すことを忘れずに

ポイント

筋子のしょうゆ漬け（イクラ）の作り方

材料（作りやすい分量）

筋子　1½ カップほど
└塩　大さじ1
酒　1カップ
みりん　¾ カップ
しょうゆ　¾ カップ

作り方

1. 1ℓのぬるま湯（お風呂よりぬるめの 30℃程度）に塩を加え、筋子をぬるま湯につけながらほぐす。筋子の薄皮が弾けて破れている場合は、破れている部分から指でゆっくり押しながら、ぬるま湯の中で開き、薄皮が破れていない場合は、薄皮の薄い部分をつまんで破り、同様にぬるま湯の中でほぐす。

2. 全部ほぐれたら白濁しなくなるまで、薄皮や破れてしぼんだ卵を取り除く。丁寧に優しく何度も水を替えながら水洗いをし、ざるに上げて水気をきる。

3. 少し大きめの保存容器を用意して2を入れ、分量の酒、みりん、しょうゆを注いで冷蔵庫に入れる。

✿ 冷蔵保存で1週間～10日ぐらいは日もちする。

主菜

鮭とイクラの土鍋おこわ

これはぜいたくなごはんです。いっしょの鍋で食卓にお出しして、そしてまずはイクラごはんをいただく。そして次に鮭ごはんをいただくのです。見た目に鮮やかなので、お客さまのときはとても喜ばれます。

材料（4人分）

甘塩鮭（薄切り）　4切れ
筋子のしょうゆ漬け　1カップ（200 gほど）
もち米　1½ カップ
米　1½ カップ
酒大さじ3と水を合わせて　3カップ
塩　小さじ1
ナンプラー（またはしょうゆ）　大さじ1
昆布（10cm角）　1枚
青じそ（みじん切り）　10 枚分
ゆずの皮（せん切り）　大さじ1

作り方

1. もち米と米はさっとといでから、水と酒を合わせて3カップにしたものにつけておく。30 分以上はつけておくことが大切。もち米を普通に炊く場合は、水を少なめにするのがポイント。

2. 土鍋（炊飯器でもいい）に1のすべて、塩、ナンプラーを入れてさっと混ぜたら昆布をのせ、上に甘塩鮭をのせる（写真 1）。最初は強火で、沸騰してきたらごくごく弱火で 13 ～ 15 分ほど炊く。

3. 炊き上がったごはんの上に（私は蒸らさない、炊きたてがおすすめです）イクラ、青じそ、あればゆずの皮のせん切りをのせて、お客さまのところにお持ちする。

4. 1杯目は、イクラとごはんだけを楽しんでいただく。ごはんは少なめに盛りつける（写真 2）。

5. 2杯目からは、鮭ごはんを楽しむ。まずは皮を取って、骨を丁寧に取り、昆布も取り除いたら全体を混ぜて、でき上り（写真 3、4）。好みで粉ざんしょうをふりかけてもおいしい。

汁物

生湯葉のみそ汁

湯葉っておいしいですよねー。おみそ汁にも合うのですが、そのときは、湯葉が溶けないように、最後に温め直さないことがポイントですよ。おみそ汁はみそもポイント。ぜひ信州、麦、白みそなどからお好みを探してみましょう。

材料（4人分）

生湯葉（くみ上げ湯葉、たぐり湯葉）　150 gほど
水　4カップ
昆布（10cm角）　1枚
花がつお　1カップ
西京みそ　大さじ5
香菜（または三つ葉）　少々
ゆずの皮（せん切り）　少々
粉ざんしょう　少々

作り方

1. まずはだし汁をとる。鍋に分量の水、昆布を入れて中火で熱し、沸騰してきたら昆布を取り出し、花がつおを入れる。さっとこしてから、西京みそを入れて溶かす。

2. お出しする直前に1を温めて火を止め、椀に湯葉を入れ、汁を注いだらでき上り。好みで香菜、ゆずの皮、粉ざんしょうを入れる。

デザート

ゆずと酒のシャーベット

お酒を入れるとシャーベットがおいしくなります。発見したときは、興奮です（笑）。組合せのおすすめは、ゆずとすだちです。レモンもおいしいなぁ！

材料（4人分）

ゆずの皮　½個分
（よく洗って、皮をおろし金でおろす）
ゆずのしぼり汁　1個分
水　1カップ
酒（できれば大吟醸）　50㎖
グラニュー糖　大さじ7
冷水　50㎖
キーウィフルーツ　2個

作り方

1. 分量の水と酒を鍋にかける。沸騰したら砂糖を入れて溶かし、火を止める。

2. ゆずのしぼり汁、ゆずの皮を入れる。分量の冷水も入れる（早く温度を下げるため）。粗熱を取ってから、保存容器に入れ、冷凍庫に3時間ほど入れる。

3. 固まってきたらスプーンでかき混ぜる（砂糖の甘い部分が保存容器の下のほうにたまるので、上のほうとかき混ぜる）。再び冷凍庫に入れて、お出しする直前にさっと混ぜてから器に入れ、薄切りのキーウィフルーツを添える。

✿ 前日に作っておくといい。

合鴨メニュー

【その七】
おもてなしをするのは
自分のため。
自分が、楽しもう。

前菜
合鴨脂のきのこソテー
作り方▼63ページ

メニューを考え、お酒を用意し、食材を買いに行き、家を掃除し、料理をし、テーブルを整え、花を飾る。誰かのために労を尽くし、おもてなしをするわけですが、実は究極のおもてなしの目的は、「自分自身」のような気がします。人を集めることで、人の心を思いやり、集まったお客さまに楽しき時間を提供する。そうすることで、何かを学ぶのは自分だからです。学ぶことができるのは料理だけではありません。インテリアへの興味、音楽、花、器、旬、すべてのことに造詣が深くなり、誰かに時間を与える、心を与えるという鍛錬もでき、心が少しだけ豊かになるような気がします。

一方、おもてなしを「人のためにやる」と思った瞬間から、ものすごく疲れてしまいます。誰かにお招きいただいたので、お返しに招待する。だんなさんにお願いされたから、しかたなく招待する。そう思った瞬間、すべてのことは「仕事」「労働」「無駄づかい」に化してしまいます（笑）。

大切な人と、あるいは大切な人のために上手なおもてなしをできるようになるには、どんな機会であっても「回数をこなす」ことが大事です。私も、思い返せば、大学1、2年生のときに、アメリカのホストファミリーのために料理をしていて、たくさんのことを学びました。お客さまがいらしたときは、お皿を洗うのは大変だな、もう、新しいグラスは使わないでほしいなと思うこともありました（笑）。でも、そのときに、どれだけの人数なら自分は疲れずに料理ができるか、お片づけができるか、どれだけの人数なら、ちゃんとした会話が成り立つか、あるいは挨拶だけで終わってしまうか、少しずつ学ぶことができました。疲れるほど何かをやったから、大切なことを学ぶことができる。スポーツでもピアノでも勉強でも同じだから、多少失敗して壁にぶち当たったからといってあきらめないで、「続ける」ことが大事なのかもしれません。

人をごはんに招待するとは、人を集める、ということ。それはつながりをつくっていく、という行動でもあります。つながるとまた、その先には新しい発見があります。人生の学びのためにも、週末はお客さまを呼んでみましょう（笑）。

さて、本日は合鴨コースはいかがでしょう？秋口から春先まで、我が家の人気メニューです。合鴨が手に入らなければ鶏のもも肉で代用を。

本日のメニュー

前菜　合鴨脂のきのこソテー
　　　大根とグレープフルーツのさっぱりあえ
主菜　合鴨鍋
ご飯　鴨雑炊
デザート　寒天ゆず小豆

段取り

1 寒天ゆず小豆は作って冷やしておく。
2 大根とグレープフルーツのさっぱりあえを作り、ラップをかけて冷蔵庫に入れておく。
3 合鴨を切って、鍋の準備をする。余った肉できのこソテーの準備をする。
4 お客さまがいらしたら、きのこソテーを作り、熱々を食べていただく。

✿ テーブルセッティング、お酒の準備は、お客さまが到着する30分前を目標にすませておきましょう。

前菜

大根とグレープフルーツのさっぱりあえ

作り方▼63ページ

主菜

合鴨鍋

作り方▼64ページ

鍋はみんなと。

ご飯

鴨雑炊

作り方▼64ページ

ゆず、たっぷりで。

デザート

寒天ゆず小豆

作り方▼65ページ

ポイント

合鴨のさばき方

合鴨は抱き身と呼ばれるむね肉の部分を使います。きれいに掃除されて皮の部分が少ないときは、肉屋さんに皮や脂ごととっておいてもらう手もあります。また、合鴨ロースのブロックはネットで購入することができ、1枚2000円前後。500g近くあって、大人3～4人でいただけるので、実は目が飛び出るほど高価なお肉というわけではありません。冷凍していても大丈夫なので、1枚冷凍しておくと、突然のお客さま、というときにとても便利です。年に一度くらいは、いかがでしょう！

1 合鴨のむね肉を用意する。

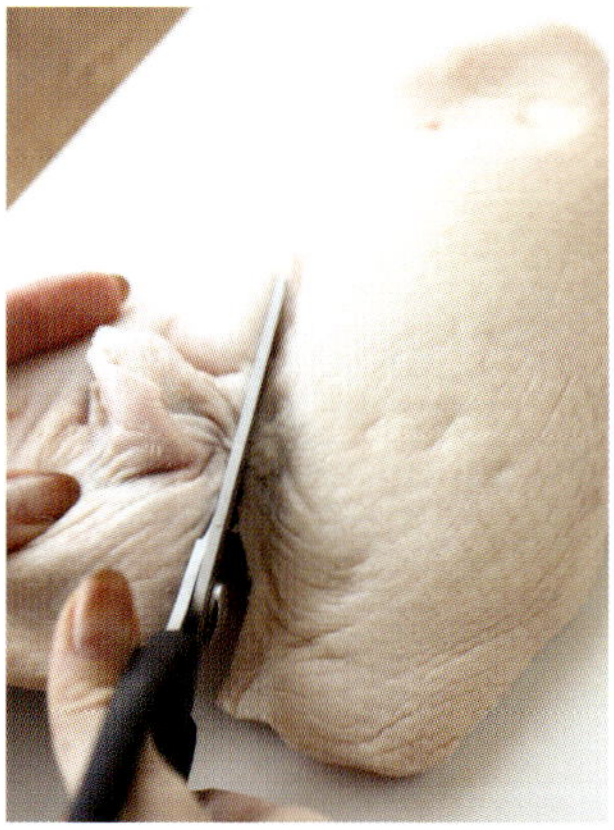

2 身からはみ出した余分な皮の部分をキッチンばさみで切り取る。

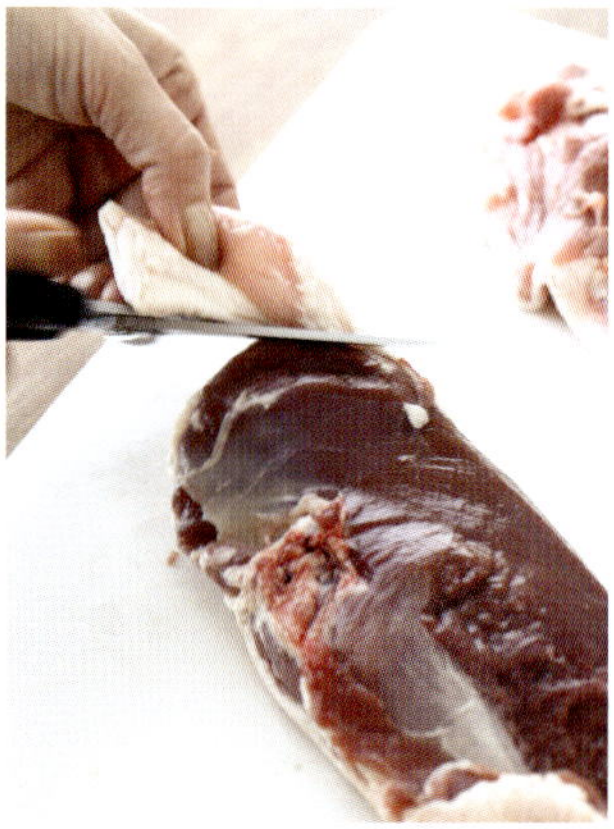

3 脂や筋も同様に切り取る。

4 身、皮、筋や脂を分けた状態。身の部分は5㎜厚さに切る。

前菜

合鴨脂のきのこソテー

鴨脂は最高です。私はその昔、鴨専門店に行って、脂だけ買わせてもらったこともあります（笑）。その脂を、とかして瓶に詰めて、いろんなものをソテーするのです。いろんなものをソテーしておいしかったけど、中でもきのこ類のソテーは最高ですよ。

材料（4人分）

合鴨の皮（余計なところを）　1枚分
好みのきのこ（生しいたけ、エリンギ、白まいたけなど）
　適宜
すだち　3～4個
塩（あればトリュフ塩*）　少々
*1瓶 1,200 円ほどで売っていて、買う価値があり（写真 1）。
お好みで刻みとうがらし　少々

作り方

1. 合鴨の皮を一口大に切ってフライパンに入れ、弱火で7～8分焼く。だんだん脂が出てくる（脂に肉の部分があれば、塩こしょうしていっしょに入れて焼くといい）（写真 2）。

2. 皮がこんがり焼けてきたら取り出し、きのこを手でちぎって入れる（手でちぎると食感が残る）。しんなりしてきたら、塩をして、一度ペーパータオルにとって、余分な脂を取ってから器に盛りつける。

3. 2にすだち（またはレモン）の果汁をかけていただく。塩が足りないときのために、器のまわりに散らしておくといい。お好みでとうがらしをかけてもおいしい。

前菜

大根とグレープフルーツのさっぱりあえ

大根とグレープフルーツって組合せが変かもしれませんが（笑）、とても合うのです。オレンジだと甘みが立ちすぎるけれど、グレープフルーツというのはちょうどいい。冷蔵庫の余りものから、いろんなレシピが生まれます。

材料（4人分）

大根　6cm長さ
└ 塩　小さじ1
グレープフルーツ　1個
合せ酢
　酢　大さじ4
　ゆずのしぼり汁　大さじ1
　砂糖　大さじ2
　ゆずの皮（せん切り）　¼ 個分

作り方

1. 大根は横に2cm幅に切る。それぞれ皮をむき、下5mmほどを残して表面の縦横に格子状の切り目を入れる（菊花かぶのように）。それを一口大に切って、塩でもむ（こうすることにより、味がしみる）。しんなりしたら水につけておく。グレープフルーツは皮をむき、房から出して一口大に切っておく。

2. ボウルに合せ酢の材料を入れてよく混ぜる。水気をよく絞った大根とグレープフルーツを入れ、全体を混ぜたらでき上り。

✿ 前日に作っておいてもいい。

主菜

合鴨鍋

鴨よりも、私は合鴨が好きです。私には赤身味が強い鴨より、向いているかも。しかも価格も鴨よりリーズナブル。鴨はさっと両面を焼いて大根おろしとぽん酢でいただくのもおいしいのですが、こうして鍋にすると、後の雑炊がまた美味！です。

材料（4人分）

合鴨のむね肉（5㎜幅の薄切り。62ページ参照）
　1枚分
絹ごし豆腐　1丁
長ねぎ　2本
クレソン　2束
鍋の煮汁
　水　6カップ
　昆布（10㎝角）1枚
　砂糖　大さじ2
　しょうゆ　大さじ2
　酒　大さじ2
　ナンプラー　大さじ1
　塩　小さじ½
ぽん酢　適宜
薬味（ゆずこしょう、かんずり、大根おろしなど）　適宜

準備

1. 豆腐は8等分に切る。長ねぎは2㎝幅の斜め切りにする。クレソンは軸の先を落としておく。合鴨、長ねぎ、クレソンを盛り合わせる。薬味を器に入れてそろえておく。

2. 土鍋に分量の水と昆布を入れて火にかける。煮立つ直前に昆布を取り出し、残りの調味料を加えて、豆腐を入れる。食卓へ運ぶ。

いただき方

まずは豆腐を食べる。次は2に長ねぎを入れる。鴨肉をしゃぶしゃぶしながらさっと煮て、ぽん酢と薬味につけていただく。長ねぎ、クレソンも煮えばなを器にとって、好みの薬味をつけていただく。

ご飯

鴨雑炊

鍋の最高の楽しみは、雑炊かラーメンなどにあるかもしれません。鶏鍋や豚鍋の雑炊もいいけれど、一年に一度は、必ずこの鴨雑炊を食べていただきたいなぁ。お世話になった方をお招きして、至福の時間を。

材料（4人分）

ご飯　2〜3杯分
水　2カップ
長ねぎ（小口切り）
　10㎝長さ分
塩　小さじ½
卵　2個
ゆずの皮　少々

作り方

合鴨鍋に分量の水を足して温め、ご飯、長ねぎを入れる。煮立ってきたら塩で味を調え、とき卵を回し入れて、30秒ほど火にかけて火を止め、ゆずの皮を散らして、あとはふたをしておく。すぐに器によそっていただく。

デザート

寒天ゆず小豆

寒天のすばらしいところは、おなかがいっぱいでも入ってしまうこと（笑）。あまり重くないので、「これでごはんは終りだよ」と胃袋に伝えるにはピッタリのデザートです。

材料（4人分）

ゆで小豆（粒あん。缶詰）　200g（約小1缶）
砂糖　大さじ3
棒寒天＊　½本
＊粉寒天を使う場合は2g。
水　1½カップ
ゆずの皮（せん切り）　½個分

作り方

1. 鍋に分量の水を入れ、寒天をちぎって加え、砂糖を加えて火にかける。沸騰したら弱火にして、ゆで小豆を入れて混ぜる。火を止め、ゆずの皮（飾り用に少しとっておく）を入れて全体を混ぜたら、容器4個分に等分に入れて、冷蔵庫に入れて冷やす。

2. 冷えた寒天小豆の上に、残りのゆずの皮をのせたらでき上り。

✿ お盆にのせるときに、花の葉っぱなどをいっしょに飾るときれい。前日に作っておいてもいい。

鶏メニュー

主菜

鶏とだんごのすきやき風

作り方▼72ページ

【その八】

日本は生活工芸の国。
生活に美を。

私は、日本は生活美術の国だと思います。美術といえば、世界一般的には絵画、彫刻などが中心ですが、日本には陶磁器、漆工芸、季節ごとの蒔絵、日々日常生活を送る中で、職人が手をかけて作った工芸品がたくさんあります。現代は工場生産のものばかりになってしまったけれど、ひとたび骨董品屋さんに足を運ぶと、すばらしき器がいっぱい。海外の友人を連れていくと「こんな美術品で日本人は食事をしていたのか?!」と驚かれます。使っていた人たちもすごいけれど、それらを伝統芸として脈々と伝承してきた日本人の職人さんもすごい。そのモノ造りの魂は、今も私たちに受け継がれています。

美しい器でごはんを食べたいな、と思っても、どこから始めていいかわかりません。そんなとき、私は一枚のお盆を買うことをおすすめします。和食というものは、食器がバラバラで美しく見えない可能性が高いところを、お盆という額は、すっきりおさめてくれるからです。染付けと備前。信楽焼と漆器。タイプが全然違う器であったとしても、黒塗りのお盆の上に整列させて並べれば、なんとなく整理整頓されるのです。お盆を買ったら、次にそろえたいのは美しきお椀と、手におさまりのいいごはん茶碗です。毎日使うもの、手に取るものほど、時間をかけて選びたいものです。さらにはおかずをのせる器、お漬物をのせる豆皿などがあれば最高です。これで和食の基本、一汁三菜をのせる器がそろうからです。

私のおすすめは、まずは藍色の染付けの器です。一見地味ではありますが、どんなものをのせてもしっくりきます。サイズとしては大皿と、あとは直径15～16cm程度の取り皿があると統一感が出て美しいかもしれません。ついつい5枚セットで買ってしまいますが、私は大皿数枚と、6～8枚セットでそろう取り皿を買います。お客さまのときに、一人一人盛りつけるのは大変なので、テーブルの真ん中にどんとみんなの分を盛りつけ、あとは各自好きなだけ取ってもらう欧米式のスタイルのほうが、食べるほうもお出しするほうも楽だからです。地味なお皿でベースをそろえたら、あとは和食器らしく、華美な器を探してみるのも楽しいですよ。色、形、手ざわり、さまざまな選択肢のある日本の工芸美術を、ぜひおうちに「展示」するだけでなく、使ってみてくださいね。割れたとしても、それもまた運命。また新しき出会いがあります。

本日のメニュー

前菜　鶏ささ身とみょうがの卵しょうゆあえ
　　　厚焼き卵　大根おろし添え
主菜　鶏とだんごのすきやき風
ご飯代り　うどん
デザート　揚げごまだんご

段取り

1 鶏とだんごのすきやき風の準備をしておく。
2 お客さまがいらっしゃる1時間前くらいには厚焼き卵を焼いておく（本当は熱々をお出しするのが一番だけど、温めるのはレンジでできます。多少味が落ちても、お客さまとお話しする時間のほうが大事です）。
3 鶏ささ身とみょうがの卵しょうゆあえを準備しておく。
4 揚げごまだんごの準備をして、ラップをかけておく。揚げるのはいただく直前に。揚げ終わったら必ず火を止めて。
✿ テーブルセッティング、お酒の準備は、お客さまが到着する30分前を目標にすませておきましょう。

前菜

鶏ささ身とみょうがの卵しょうゆあえ

作り方▼71ページ

前菜

厚焼き卵大根おろし添え

作り方▼71ページ

ご飯代り

うどん

作り方▼72ページ

デザート

揚げごまだんご

作り方▼73ページ

前菜

鶏ささ身とみょうがの卵しょうゆあえ

鶏のささ身は火を通しすぎたらかたくなります。というわけで、私はお湯に入れるだけ（ポットのお湯でもかまいません）。あとは5～6分すればちょうどよく仕上がります。ささ身は必ず新鮮なものをお求めください！

材料（4人分）

鶏ささ身　3本
みょうが　4個
ソース
卵黄　1個分
しょうゆ　大さじ1
砂糖　小さじ1
わさび　小さじ¼
ごま　小さじ1
青じそ（せん切り）　10枚分

作り方

1. 鶏ささ身はさっと塩（分量外）でもんでから水で洗い（臭みを取る）、沸騰してすぐに火を止めた湯に5～6分入れておく（写真1）。余熱で火が通り、しっとり仕上がる。冷めてから斜めそぎ切りにする。

2. みょうがはせん切りにしておく。ボウルにソースの材料を入れて、全体を混ぜておく。

3. ソースのボウルに1のささ身、2のみょうがを入れて全体をざっくり混ぜたらでき上り。あれば青じそなどを彩りに。

✿ 最後にのりをいっしょに混ぜてもおいしい。

前菜

厚焼き卵 大根おろし添え

人それぞれ、好みがあるので、配合を自分の好みに変えてみて。今回は少し甘めで、お酒を入れることでやわらかくしたバージョンです。お酒の代りにだしを大さじ5ほど入れてもいいですが、卵汁がやわらかくなると、生地が破れやすくなるので、慣れないうちは少なめにとどめておいたほうがいいでしょう。また卵焼き器は一つあれば20年使えるので（私の使っているものは母が23年前に買ってくれたもの）ぜひおすすめ。卵1個に対して、基本塩は親指と人さし指でひとつまみ、砂糖は小さじ1～大さじ1（好みの甘さに調整する）、酒またはだしまたはみりん大さじ½ほどを目安にしましょう。

材料（4人分）

卵　5個
塩　親指と人さし指で5つまみ
砂糖　大さじ3～5
酒　大さじ2
植物油　少々
大根おろし　適宜
しょうゆ　少々

作り方

1. 卵、塩、砂糖、酒をすべてボウルに入れて、お箸かフォークでよ～く混ぜる。

2. こびりつき防止加工の卵焼き器を強火で熱する。これがポイント。熱くないと卵液がくっつく。ほんの少しだけ植物油を入れる。

3. 火加減を中火にし、1の卵液を注ぐ。卵5個なら5回に分けたほうがいいので、⅕量を目安に。箸で卵液を端から卵焼き器に流しつつ、固めていく。固まったら奥から手前に箸で移動させる。

4. 今度はできた卵焼きを手前から奥に寄せ（下から上に上げる感じ）、そこにまた⅕量の卵液を入れる。固まってきたら奥から手前にひっくり返す（写真1）。このとき箸を卵に刺しても、最後の仕上りに影響はない。最初のほうは失敗しやすいが、最後のほうに行くにつれ、慣れてくるので、最初に失敗しても心配ない。これを5回繰り返したらでき上り。形をよくするにはペーパータオルでくるみ、巻きすで巻いて軽く押さえつけてもいい。

5. 食べやすい厚さに切って器に盛り、大根おろし、しょうゆを添える。

主菜

鶏とだんごのすきやき風、うどん

すきやきも確かにおいしいですが、製作費がかかる（笑）というわけで、気楽におもてなしをしたいときには、鶏肉とだんごのすきやき風は、かなりおすすめでございます。大事なことは無理をしないこと。また来てね、と気楽に言えることです！

最後にいただくちょっと甘いうどんって、おいしいんですよね。ここにとうがらしをバーンと入れても、とてもおいしい。私は辛いものが大好きなので、入れてしまいます。

材料（4人分）

鶏もも肉　1〜2枚
└塩　小さじ1〜2

ゆず風味の鶏だんご

- 鶏ひき肉　400g
- 長ねぎ（みじん切り）　15cm長さ分
- ごま油　大さじ1
- 酒　大さじ3
- 卵　1個分
- 塩　小さじ½
- しょうがのすりおろし　大さじ1
- ゆずの皮（みじん切り）　大さじ2
- ゆずのしぼり汁　大さじ1
- かたくり粉　大さじ1

長ねぎ（斜め1cm幅に切る）　1本分

割り下

- 酒、しょうゆ、砂糖　各1カップ
- 水　1カップ
- 昆布（10cm角）　1枚（なくてもいい）

生卵　4個分
うどん（かためがいい。冷凍うどんなど）　4玉
長ねぎ（小口切り）　⅓本分
一味とうがらし　少々

作り方

1. 鶏の臭みを取る（このプロセスはスキップしてもいいが、仕上りは違う）。もも肉は塩をして全体を10秒ほどもみ（写真1）、熱湯に10秒ほど浸す（写真2）。取り出して洗ってからペーパータオルでふく。半分に切り、さらに1cm幅の薄切りにする。

2. ゆず風味の鶏だんごを作る。すべての材料をボウルに入れ、手で100回ほどよくこねたら（よくこねる。ここがポイント）楕円形に丸める。

3. 割り下を作る。鍋に酒、しょうゆ、砂糖、分量の水、あれば昆布を入れて火にかけ、一度沸騰したらすぐに火を止める。昆布をつけたままティーポットのようなものに入れておく。なければどんぶりでもいい。

4. コンロに鍋を準備する。鶏もも肉、ねぎを入れたら、割り下を入れて火をつける。煮えてきたら鶏だんごを入れ、煮えたところから、各自の器に取っていただく。そのままいただいてもいいが、生卵につけて食べるのもとてもおすすめ（コチュジャンや豆板醤をつけてもいい）。

5. 最後はうどん。水分が足りないようだったら、水½カップを追加してさっと煮る。最後にあるだけの長ねぎを加え（写真3）、好みで一味とうがらしをふる。

デザート

揚げごまだんご

こんなにカンタンでおいしいものは、めったにございません。自画自賛して本当に申し訳ないのですが（笑）、揚げ物は面倒だなぁ、とおっしゃっている方にもぜひ、お試しいただきたい一品です。

材料（4人分）

白玉粉　1カップ
水　½カップ
砂糖　大さじ3
サラダ油　小さじ¼
あんこ（缶詰）　小さじ8ほど
いりごま（白）　½カップ
揚げ油　適宜

作り方

1. ボウルに白玉粉、分量の水、砂糖、サラダ油を入れてよく練って、8等分に分ける。

2. 平たくしただんご生地にあんこをのせ、全体を包む（写真1～3）。ここまでやったらラップをかけ、揚げる直前までおいておく（ぺたーっと平たくなるが、気にしない）。

3. 食べる直前に油を低温（120～130℃が目安）に熱する。丸くした白玉のだんごにいりごまをたっぷりつけ、すぐに低温で4～5分、だんごが上がってくるまで弱火で揚げる。

かき メニュー

前菜

生がき

作り方▼79ページ

【その九】

地方の奥深さに触れ、日本を楽しもう。

日本語を勉強しに来ていたイタリア人に、「イタリアも地域性があると思ってきたけど、日本に負けたよ」と言われたことがありました。確かにイタリアも日本も国土が長いという点は同じ。北のミラノと南のシチリアでは、食べるものも文化も違います。でも彼が言うには「イタリアは基本は同じ言語を話す。でも日本の青森では、あなたを『な』と呼び、鹿児島では『おはん』と言う。これほどの単語の違いは、イタリア語とフランス語の違いを超えているよ。信じられない」と言うのです。いやぁ、そげんこと、思いつかんやったばい！　そりゃぁ、方言はイタリア人にも、わからんめぇや〜（博多弁にて「いやぁ、そんなこと思いつかなかった。それは、方言はイタリア人にもわからないだろう」）で、ございます！　言葉が変われば、文化も変わる。南北で気候も違えば、食べ物も変わる。それを育てる風土も変わる。というわけで、日本の持つ地域性というのは、きっとものすごいものなんだな、と外国人に説得されてしまいました（笑）。

これからは、Discover Japan したいな！と思います。タイやデンマークもおもしろいけれど、山梨や、福島や佐賀もおもしろい。思い起こせば山梨で食べたきのこ汁は生涯忘れぬおいしさだったし、福島で出会って親切にしてくれた人のことは、今も心に残る。佐賀に今も広がる田園風景は日本人のDNAそのもの。稲穂の下で鳴くカエルや鈴虫の合唱や、秋になって漂ってくる金木犀の香りは、「あなたはこの美しき変化に富む国、日本に生まれたのだよ。運がいいではないか」と伝えてくれているようでもあります。電車に乗ったり、その土地でレンタカーを借りて、北から南まで、いろんな土地を巡ってみたい。そしてその地方の食べ物を食べ、日本酒や焼酎を飲み、いろんな方言を聞いて、もう一度、日本というのはどんな国なのか、日本人はどんな民族なのか、再認識できたら楽しいなぁ、という気がします。自分を見つめ直すことで、また世界が新しい形で見えてくるのかも。楽しみだなぁ。

本日はかきを広島から取り寄せました。一箱オーダーして、生にフライにかきごはん、そしてスープに。かきの季節が来たら、一年に一度はこんな夜を。そしてできたら、広島にかきを食べに行こう。

本日のメニュー

前菜　生がき
　　　てんぷら粉のかきフライ
主菜　かきごはん
汁物　大根かきスープ
デザート　みかん白ワインゼリー

段取り

1 かきは近所の魚屋さんに頼むか、取り寄せておく（かきはアレルギーの方もいらっしゃるので、事前にきいておきましょう！）。
2 みかん白ワインゼリーは午前中か前日に作っておく。
3 かきごはん用の米をといで、ざるに上げておく。
4 お客さまがいらっしゃる1時間前にはかきを開き、生がき、かきフライ、かきごはん、スープの準備をしておく。生がき、フライは冷蔵庫に入れておく。
5 お客さまがいらしたら、生がきをお出しする。
6 フライの準備を整え、揚げている最中は調理台を離れない。
7 ごはんをいただく20分前くらいに炊きだす（炊きたてがおいしい）。
✿ テーブルセッティング、お酒の準備は、お客さまが到着する30分前を目標にすませておきましょう。

サクサク、
カリッ。

前菜

てんぷら粉のかきフライ

作り方▼80ページ

主菜

かきごはん

作り方▼80ページ

汁物

大根かきスープ

作り方▼81ページ

デザート

みかん白ワインゼリー

作り方▼81ページ

前菜

生がき

生がきは食べられない方もいらっしゃるので、そもそもかき料理にしてもいいかをお客さまに事前にきく必要はあります。大丈夫ならば、ぜひぜひ生がきも。開き方は、はさみを使えば、とっても楽なんですよ〜！

材料

殻つきのかき　適宜
大根おろし、チリソース、すだちまたはレモン、
　塩＊　各適宜
＊塩は粗めの天然塩を。男鹿半島の塩など甘みを感じるものがおすすめ。

作り方

1. かきは殻を開いて（右記参照）器に並べる。

2. 食べる直前に塩少々をかけて、大根おろし、チリソースを添え、すだちまたはレモンをしぼっていただく。

✿ しょうゆをかけずに食べると、かきのうまみを味わうことができる。

ポイント　かきの殻の開き方

1　手に軍手をつける（必ずつけましょう）。殻つきのかきは、ふっくらしたほうを下にして持つ。

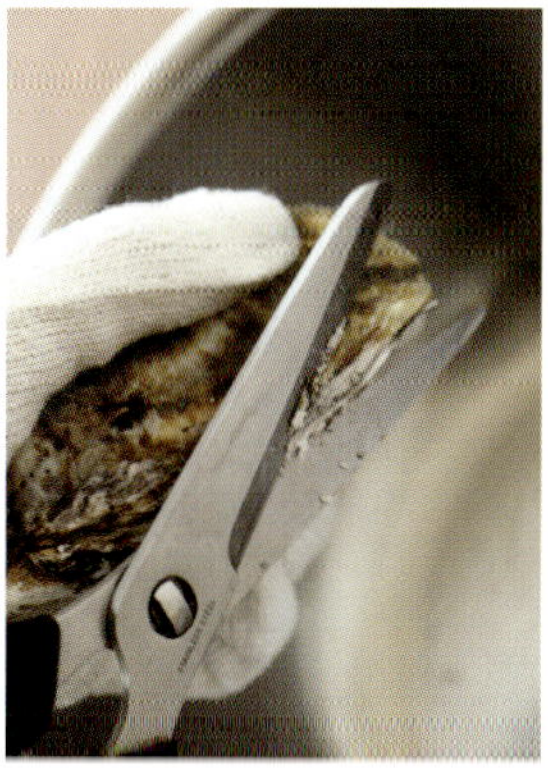

2　はさみで向かって右上を2cmほど切る。だいたい7mm幅程度を目安に。

3　2の穴にナイフを入れ、殻の上の部分についた貝柱をこそぐ。ナイフを少し上向きにして、殻の天井に沿わせて手首を上下に動かしながら触る感じ。貝柱が上の殻からはずれたら、あとは、ぱかっと開く（貝柱が上下の殻をつけているので、この吸引部分をはずす）。さっと塩水で洗って（すぐ食べるなら流水でもいい）、殻のごみを落とす。

前菜

てんぷら粉のかきフライ

あるとき薄力粉がきれておりました。というわけでてんぷら粉をフライの衣として使ってみたところ、おいしいじゃないか！ 中にコーンスターチやベーキングパウダーが入っているから、ふわっ、かりっと仕上がります。えびフライもいけますよー。

材料（４人分）

かき　2パック（250 gほど）
味つけ塩こしょう（市販品）＊　少々
＊ダイショー、S&Bなど。
てんぷら粉　１カップ
卵　2個
パン粉　2カップ
揚げ油　適宜
ソース
マヨネーズ　大さじ6
ゆずこしょう　小さじ1
粉ざんしょう　小さじ ½

作り方

1. かきはさっと洗って、ペーパータオルで軽くふき、味つけ塩こしょうをふっておく。

2. 揚げ油を温めて、中温にしておく。

3. ビニール袋を2枚用意し、てんぷら粉、パン粉をそれぞれ入れておく。卵は皿にといておく。1のかきにてんぷら粉、卵、パン粉の順番でつける。てんぷら粉は少々はたき、卵はまんべんなくつけることがポイント。パン粉は手でふわりと握るようにつける。

4. 中温に熱した油でかきを5個くらいずつ揚げていく。

5. 器に4のかきをのせ、混ぜ合わせておいたソースを添えてでき上り。

✿ 中濃ソースはもちろん、しょうゆでもおいしい。レモンと塩だけも、とってもおすすめ。

主菜

かきごはん

同期の男子が、かきごはんをごちそうしてくれたんです。それがおいしくて、忘れられない。一年に一度でいいから、ぜいたくにた～っぷりかきが入ったごはんをいただきたいですね。すると「来年も食べるぞー」という気持ちが生まれます。

材料（３～４人分）

かき　2パック（250 gほど）
合せ調味料
酒　大さじ3
ナンプラー　大さじ２
しょうゆ　大さじ1
砂糖　小さじ1
米　３合
水とかき汁　合わせて３カップ分
赤とうがらし（種ごとみじん切り）
１～2本分
しょうが（せん切り）　大さじ2
みょうが（みじん切り）　2個分
青じそ（せん切り）　適宜

作り方

1. 米はといで 30 分ざるに上げておく。といですぐ炊くとふっくらせず、かたいごはんになってしまう。普通のごはんを炊くときも同じ。

2. 鍋に洗って水をきったかき、合せ調味料の材料を入れて強火にかける。沸騰したらふたをして弱火にし、２分ほど煮る。

3. 2 を身と汁に分ける。汁をカップに入れ、水と合わせて3カップ分用意する。

4. 炊飯器か土鍋に米、水とかき汁を合わせて3カップ分、かき、とうがらし、しょうがを入れて普通に炊く。土鍋で炊くときは、最初強火、沸騰したら弱火にする。ふたをして 13 ～ 15 分炊いたらでき上り。

5. 炊き上がったら好みでまわりにみょうがを散らし、全体を混ぜていただく。あれば青じそも彩りに

汁物

大根かきスープ

こちらのスープ、かきだけでなく、鶏肉、豚バラ、牛薄切りなどで作ってもおいしいんです。こちらの比率を覚えたならば、アレンジして、毎日のごはんのパートナーにしてあげてください。

材料（4人分）

大根おろし　4カップ
かき　16 個
水　4カップ
酒　大さじ4
ナンプラー（またはうす口しょうゆ）
　大さじ2
うまみ調味料　3ふり
塩　ひとつまみ
香菜（ざく切り）　適宜
ごま油　小さじ½

作り方

1. かきはよく洗っておく。

2. 鍋に香菜とごま油以外の材料をすべて入れておく。いただく直前に鍋を強火にかけ、沸騰したらでき上り。塩味が足りなければ塩で調整する。

3. お椀によそい、あれば彩りに香菜を添え、最後にごま油を風味づけにかける。

✿ 香菜のほかにクレソン、ねぎの緑の部分などもOK。黒こしょうや黒七味をかけてもおいしい。

デザート

みかん白ワインゼリー

なんてことはない、懐かしいゼリーなんですが、大人になって食べると、おいしいんですね。もちろん缶詰のみかんでもいいですよ～。白ワインは沸騰させるので、子どもも大好きなデザートです。

材料（4人分）

板ゼラチン　10ｇ
　（水でふやかしておく）
水　1カップ
白ワイン　1カップ
　（吟醸酒でもいい）
砂糖　1カップ
冷水　1カップ
みかん　4個
ミント　少々

作り方

1. 鍋に分量の水と白ワイン、砂糖を入れて温める。温まったところでふやかした板ゼラチンを加えて、スプーンでかき混ぜて溶かす。

2. 1をボウルに移し、冷水を加え入れる（冷水を入れることで、すぐに固まりやすくなる）。

3. みかんの皮をむき、グラスに入れる。2のゼラチン液を上にかけて、冷蔵庫で冷やす。ミントを飾る。

✿ 前日に作っておいてもいい。

かに メニュー

主菜

かにと大根の煮込み鍋

作り方▼90ページ

【その十】
招く人は、愛を。
招かれる人も、愛を。

料理はやっぱり、愛です。おすし屋さんでも、愛のある人が握るすしは、どこかふわっとしてやわらかく、心をほっこりさせてくれる。一方高くて有名なお店でも、カウンターの中で職人さんがイライラしていたら、おすしにもその気持ちがついてきます。本当に不思議です。私たちには笑顔で接してくれていても、その余裕のなさが、小さなおすしに伝わってしまうのです。だから平穏な心で、食材や包丁と向き合わなくてはいけない。その平穏な心になるためには、余分なエネルギーは捨てなくてはなりません。誰かを責めるエネルギー、余計なことを心配するエネルギー、人を頼るエネルギー、そのすべてを捨て、自分が誰かのために尽くすエネルギーだけを残さなくてはなりません。そうすれば、たとえインスタントラーメンであっても、作ってくれた人の愛が伝わっておいしくなるものなのです。誰かを招くときも同じで、「上手に作ろう」と思う必要はありません。招く前には「信頼できて自分と味が合う」料理本というパートナーは見つけておかなくてはいけないけれど、そこから先は、そのレシピの段取りに合わせ、丁寧に、心を込めて作れば、まずいものは、カンタンにはでき上がりません。

招かれる人も、ありがとうの気持ちを形にすることは大切です。招いてくれる人は、自分のために重い荷物を持ち、掃除をし、料理をし、喜ばせてあげようと労を尽くしてくれるのだから、一本のお酒や、季節の花で、あるいは「おいしかったなぁ。ステキな時間をありがとう」という一本のメールで、感謝の気持ちを表現することは大切なことなのです。あたりまえすぎるからいいや、きっと感謝の気持ちは伝わるのだからいいや、と思ってしまうと、それはもったいない。料理を作っていただき、食べさせてもらうというのは心のキャッチボールなのだから、自分の手でキャッチボールを止めてしまわないよう、ゆったりでいいから、投げられたボールは、（相手が好きな人ならば、笑）投げ返したほうが、関係が続いていくのです。これは食事だけでなく、人間関係でも同じような気がします。でもあくまでも、ポンポン投げ合う必要はありません。ゆったり、じっくりでいい。お礼のメールが遅れたって、全然大丈夫。だけど「あー、楽しかったんだ。あのとき。ありがとう」と伝えることが大切なのです。

大好きな人のために、かにを取り寄せて鍋でもいかがでしょう？　心から、温まります。

本日のメニュー

前菜　えびのしんじょ揚げ
　　　さしみのわさびドレッシング
主菜　かにと大根の煮込み鍋
ご飯代り　かにみそラーメン
デザート　大吟醸ゼリーのフルーツ寄せ

段取り

1 かには近所の魚屋さんに頼むか、取り寄せておく（かにはアレルギーの方もいらっしゃるので、事前にきいておきましょう！）。
2 大吟醸ゼリーは午前中か前日に作っておく。
3 えびのしんじょの準備をしておく。
4 かにと大根の煮込み鍋の準備を始める。大根は煮ておく。
5 お客さまがいらっしゃる30分前には、さしみのわさびドレッシングを作ってラップをかけておく。
6 お客さまがいらしたら、えびのしんじょを揚げる。揚げている最中は調理台を離れない。
✿テーブルセッティング、お酒の準備は、お客さまが到着する30分前を目標にすませておきましょう。

まずは揚げ物から。

前菜

えびのしんじょ揚げ

作り方▼88ページ

前菜

さしみのわさびドレッシング

作り方▼88ページ

ご飯代り

かにみそラーメン

作り方▼90ページ

デザート

大吟醸ゼリーのフルーツ寄せ

作り方▼91ページ

お酒好きの方に、ぜひ。

前菜

さしみのわさびドレッシング

こちらのドレッシング、どんなさしみにも合うんですよ〜。お料理のレシピを見て、守るべきことは調味料の配合。素材はいろいろ、アレンジできるのです。鶏のむね肉をさっとゆでて冷やしたものでも、とてもおいしい。

2

1

材料（4人分）

かんぱち（さしみ用。薄切り）　200g

ドレッシング

- わさび　小さじ1
- マヨネーズ　大さじ2
- ぽん酢　大さじ1
- レモン汁　小さじ1
- レモンの皮（みじん切り）　小さじ½

エキストラバージンオリーブオイル　大さじ1

赤とうがらし（みじん切り）　少々

レッドキャベツのスプラウト（または貝割れ大根）　適宜

作り方

1. 器にかんぱちのさしみを放射状に盛りつける（ラップにはさんで少したたき、薄くのばしてもいい）。

2. ドレッシングの材料を混ぜ合わせ、スプーンで1に回しかける（写真1）。続いてオリーブオイルを回しかけたら（写真2）、赤とうがらしを散らし、スプラウトを中央に添える。

前菜

えびのしんじょ揚げ

えびはそのままソテーしてもおいしいのだけれど、しんじょにするのもおすすめ。ちょっとした揚げ物が少しあるだけで、うれしい気持ちになります。その後のメニューが控えているので、あくまでも少なめに。

1

材料（4人分）

むきえび　200g
豚バラ肉　1枚（20g）
卵白　1個分
ナンプラー　小さじ1
塩　少々
香菜の茎（または万能ねぎ。みじん切り）　大さじ2
上新粉（なければかたくり粉）　約½カップ
揚げ油　2カップ
チリソース（市販品）　適宜

作り方

1. むきえびは塩（分量外）でさっともみ、水でよく洗って水気をふく。半分は包丁でたたき（写真1）、半分はフードプロセッサーに入れておく。豚肉は1cm角に切っておく。

2. 1のフードプロセッサーに豚肉、卵白、ナンプラー、塩を入れて全体を10秒ほど攪拌する。ここに残りのえび、香菜を加えて全体をゴムべらでさっとかき混ぜ、8等分にしておく。

3. ボウルに上新粉を入れ、油少々（分量外）をつけた手で2を丸めては入れ、転がして粉をつける。

4. 中温に熱した揚げ油で、3を6分ほど揚げたらでき上り。好みでチリソースをつけていただく。

✿ お客さまがいらっしゃる前に揚げておき、電子レンジで温めてお出ししてもいい。充分おいしいです。あわてないことがいちばん大切。

ポイント

ずわいがにのさばき方

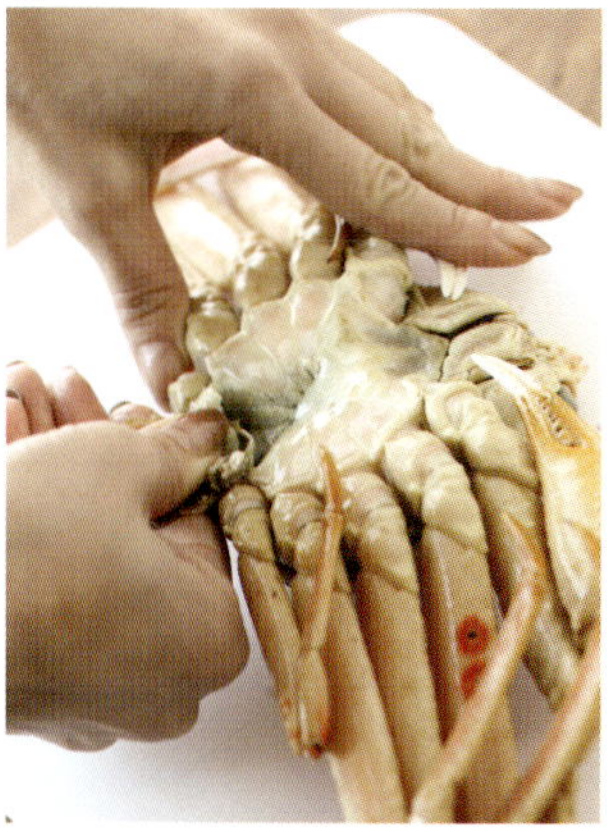

1 かにを裏返して、腹の下についているふんどしを取る。

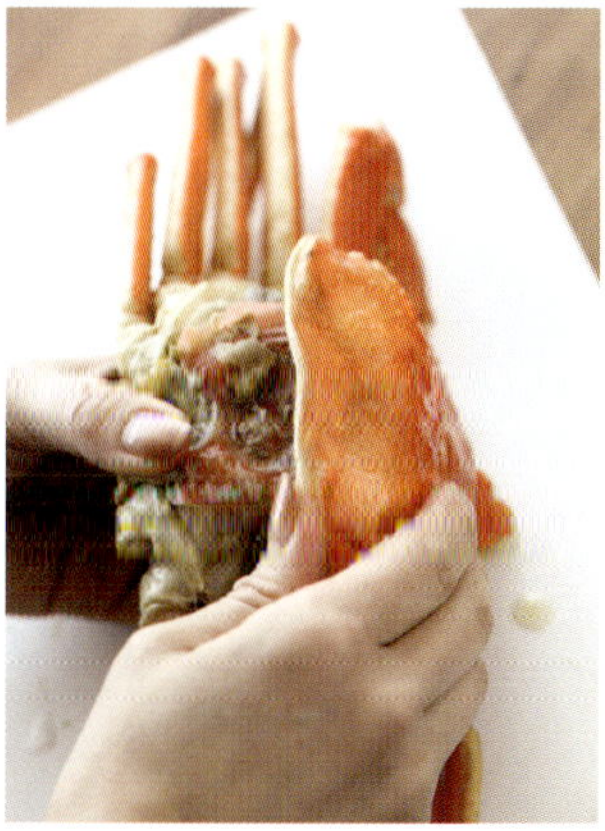

2 表に返して、甲羅を下から上に向けてはずす。

3 内側の左右についたえらを取りはずす。

4 足をはさみで切り離す。

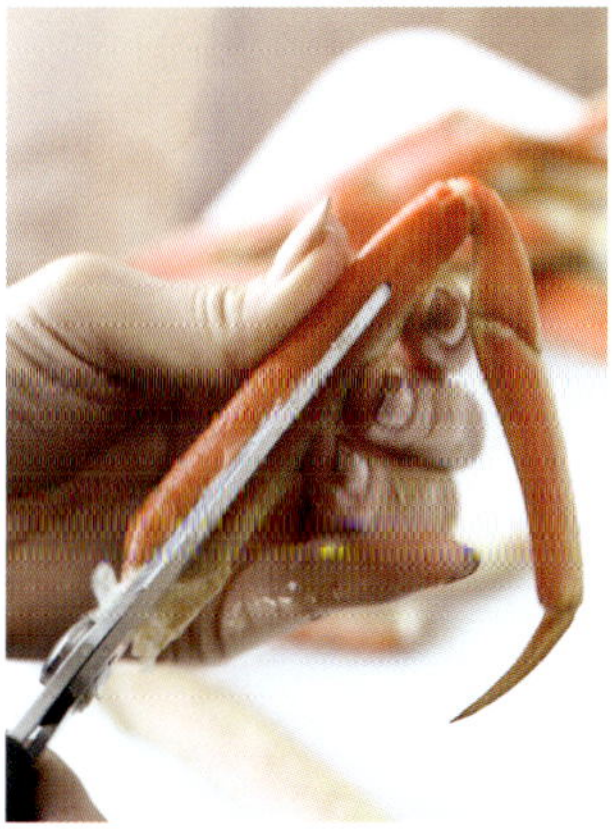

5 足は太い部分の殻に、はさみで切り目を入れる。

6 残った胴の中央に、はさみを入れて半分に切る。それをさらに半分に切る。

7 完成。

主菜

かにと大根の煮込み鍋

あるとき、お店でかにと大根の鍋をいただいたことがあって、ほっこりした優しさが忘れられませんでした。とはいえ、家族を連れていくのは大変。そこでカンタンバージョンです。おみそは麦みそが絶対おすすめ！（西京みそ、信州みそ、いろいろと試しました）

材料（4人分）

かに（ゆでたもの）＊　小なら2はい、大なら1ぱい
＊ずわいがに、たらばがに、毛がになど、お好みのものでOK。
大根　20cm長さ
水　8カップ
昆布（10cm角）　1枚
スープ用
塩こうじ　大さじ2
砂糖　大さじ1
麦みそ（または西京みそ）　大さじ8
赤とうがらし　3〜4本
酒　大さじ2
ゆずの皮（せん切り）　¼個分
バター　30g
粉ざんしょう　少々

作り方

1. 大根は5cm長さ、3cm幅、4mm厚さの短冊切りにする（4mm厚さであれば、大きさはあまりこだわらなくていい）。

2. 土鍋に分量の水と大根、昆布を入れて火にかけ、沸騰したら昆布を取り出しておく。スープ用の調味料は一つのボウルに混ぜておく。

3. かには89ページの写真を参照して、さばいておく。かにの甲羅からみそを取り出し、これはラーメン用にとっておく。甲羅は2の鍋に加えてかにのだしにする。

4. 大根がやわらかくなったら、スープ用の調味料を加えて味をつける。かにを加えて、さっと煮立て、かにが温かくなったらバター、粉ざんしょうを加えてでき上り。

ご飯代り

かにみそラーメン

かにのだしが効いたラーメンって、いけますよね〜。そこにバターがポトっととけていたら、気分だけは北海道。麺の量は控えても、スープはぜひぜひ。

材料（4人分）

生ラーメン　2〜3玉
鍋の残り汁　残っている分だけでいい
かにみそ　あるだけ
水　3カップ
ナンプラー　大さじ1
鶏ガラスープのもと　小さじ1
香菜またはねぎ　適宜

作り方

1. 生ラーメンは指定のゆで時間より2分ほど短くゆで、水にさらしてよく洗い、ぬめりを取っておく。

2. 鍋の残り汁にかにみそ、分量の水、ナンプラー、鶏ガラスープのもとを加えて、スープの味を調える。ここに1のラーメンを加え、さっと温めたらでき上り。好みで香菜、またはねぎをのせる。

デザート

大吟醸ゼリーのフルーツ寄せ

普通のお酒でもおいしいのですが、大吟醸はまた、フルーティさが格段とアップ。お酒好きにはもったいないかもしれませんが、ぜひちょっとだけ拝借して作ってみてください。締めのデザートとしては、軽めでおすすめです。

材料（4人分）
板ゼラチン　6g（水でふやかしておく）
水　¼カップ
大吟醸　¼カップ
砂糖　大さじ7
冷水　¾カップ
好みのフルーツ（マンゴー、いちご、グレープフルーツなど）
　250gほど
生クリーム、砂糖　各少々
ミントの葉（あれば）　少々

作り方

1. 鍋に分量の水と大吟醸、砂糖を入れて火にかけ、温まったらふやかした板ゼラチンを加え、かき混ぜながら溶かす。

2. 1をボウルに移し、分量の冷水を入れる（冷たい水を入れることで、すぐに固まりやすくなる）。

3. フルーツを2㎝角に粗く切ってグラスに入れる。2のゼラチン液を上から注いだら、冷蔵庫に入れて冷やす。

4. 3がよく冷えたら好みで砂糖少々を加えた生クリームをやわらかく泡立てて盛りつける。ミントなどを飾るとおしゃれ。

✿ 前日に作っておいてもいい。

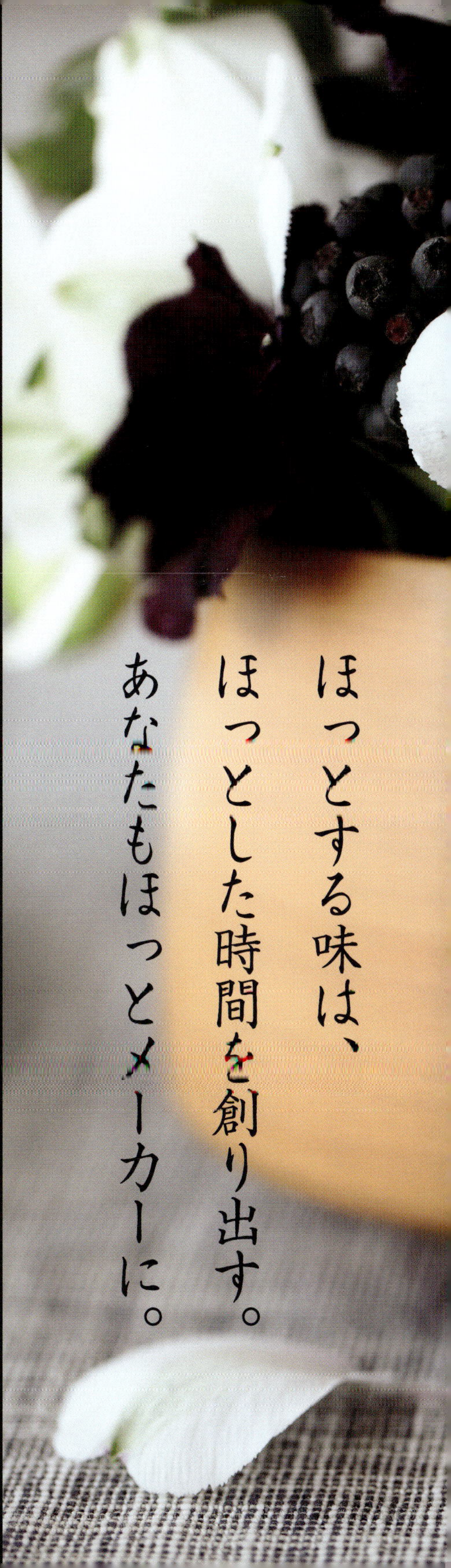

ほっとする味は、
ほっとした時間を創り出す。
あなたもほっとメーカーに。

日本酒と焼酎

日本酒や焼酎は奥が深い、楽しいお酒です。ワインにも種類がたくさんあるように、日本酒にも「大吟醸・吟醸」「純米酒」「本醸造酒」といった種類があります。大ざっぱな私が大ざっぱに分類すると「大吟醸・吟醸＝香り高くフルーティ」「純米酒＝ふくよかで米のうまみが広がる」「本醸造酒＝熱燗にぴったり」というイメージです（大ざっぱすぎて、すみません）。日本酒だけを楽しんで、おつまみは少なめでいいな、と思うときは大吟醸や吟醸を頼みますが、一方、おすしを一貫一貫楽しもうと思うときは、純米酒や本醸造の熱燗を頼んだりします。食事に重きを置いて楽しみたいのに、お酒が勝ちすぎても疲れるからです。これはワインでも同じことが言えます。とことんおいしいボトルに、料理は必要ありません。パンとチーズさえあればいい。

今回ご紹介した日本酒は、私の日本酒好き友人たちのセレクトです。ついついお得だからと一升瓶（1800㎖）を買いたくなってしまいますが、これまたワインと同じで、ふたをあけたその日がいちばんおいしい。というわけで、私のおすすめは720㎖の四合瓶です。またそれでも残ってしまうときは、バキュバンなどの道具で、瓶から空気を抜き、酸化を防ぐことをおすすめします。

一方焼酎にも、米焼酎、麦焼酎、芋焼酎、泡盛、そば焼酎など、いろいろな種類があります。女性におすすめなのは、まずは米焼酎。フルーティでさわやかなものが多く、すっきりした味わいがクセになります。次にお試しいただきたいのは麦焼酎。こちらは炭酸やジュースで割って、すだちやレモンを入れていただくのがおすすめ。ロックもいいですねぇ。本当の焼酎好きには芋も人気があります。香りや甘みが強く、寒い夜などは焼酎と水を1：1で混ぜて、40℃ほどの熱燗にするのも最高です。ゆっくりと酔っぱらって、フワフワした感じが持続しますが、水といっしょに飲んでいるから二日酔いもほとんどありません（とはいえ、飲みすぎるとどんなお酒も同じです）。

日本酒と焼酎で、新たな和食ワールドを開けていけたら、楽しいなぁ。

おすすめの日本酒と焼酎

桜花吟醸酒

山形県天童市は出羽桜酒造の吟醸酒。地元の米と水で造られ、そのフルーティな香りとふくよかな味わいは、地元のみならず全国各地で愛されている。冷やしてどうぞ。

本格焼酎 魔王 多門の粋

鹿児島県は白玉醸造の芋焼酎。華やかな香りと豊かな余韻のある味わいで、芋焼酎のイメージを一新しました。女性にも男性にも大人気。

黒龍 純吟 三十八号

福井県吉田郡の黒龍酒造製。山田錦を磨きに磨いて上質な米のうまみを引き出した、ふくよかな純米吟醸酒。深まる秋にこっくりとした料理といっしょに味わいたい。

写楽純愛仕込 純米吟醸

福島県会津若松市の宮泉銘醸製。きれのいい酸味、味わいもバランスよく、ついつい進んでしまうお酒。

十四代秘蔵乙焼酎

山形県村山市の高木酒造製。「十四代」という銘柄は純米吟醸酒などが有名ですが、この長期熟成させたまろやかな本格焼酎もおすすめ。

純米大吟醸 繁桝

福岡県八女市の高橋商店製。山田錦を50%精米して醸された酒。ほのかにフルーティな香りがして、味わいはやや辛口。常温または冷やしてもおいしい。

特別純米 小左衛門 信濃美山錦

岐阜県土岐の中島醸造製。米のうまみが口に広がる品のいい味わい。デリケートなおいしさを生かすなら常温のままがおすすめ。

百年の孤独 大麦製長期貯蔵酒

原料はすべて国産、有機農法とリサイクルにも取り組んでいる宮崎県黒木本店製。原酒をオーク樽で長期熟成させた麦焼酎は、ウィスキーのようにオンザロックやハイボールにしてもおいしい。

純米大吟醸 獺祭 DASSAI 39

山口県岩国市の旭酒造は真においしい酒を目指し、純米大吟醸酒のみを造っている蔵元。特別仕立ての酒を多く醸していて、話題も人気も沸騰中。

喜楽長 三方良し 純米吟醸

滋賀県近江の喜多酒造が、山田錦と滋賀渡船六号で醸したなめらかで調和のとれた日本酒。お燗をすると米のうまみがいっそうふくらみます。

おわりに

記憶をたどる旅でした。

どんな和食を、どこで食べたときのことを
私はいちばん覚えているかな?

どんな和食を、誰におもてなししたとき「これはおいしかったよ」と何度も繰り返し言われたかかな?

安くはない素材をおすすめするのはちょっと勇気のいることではあったけど、でも、たまにはぜいたくも、大事!

胃袋が豊かになれば、心も豊かになります。

作ってみたかった本を、作り上げてくださった編集の浅井香織さん、ため息の出る写真を撮ってくださったカメラマンの名取和久さん、美しきテーブルデザインをしてくださった澤入美佳さん、大人の香りが漂うデザインをしてくださった奥村啓子さん、いつも味見をしながら、お料理を手伝ってくれた野口ひろ子さん、最後に、こちらの本を今、手にしてくださっているみなさん、心から、ありがとうございます。

いろんなところで、楽しいごはん会が開かれますよう。
どうぞよろしくお願いいたします。

二〇一三年　初夏　行正り香

行正り香（ゆきまさ・りか）

一九六六年、福岡生まれ。広告代理店に就職してCMプロデューサーとして勤務後、料理研究家として活躍。教育系ウェブサイト「なるほど！エージェント」（http://www.naruhodoagent.com/）の企画、運営にも携わる。著書に『だれか来る日のメニュー』『そうだ。お菓子を作ろう！』『やっぱり、和食かな。』『やさしさグルグル』『はじめての、和食BOOK』『しょうがレシピ129』『エブリデイ！パスタBOOK』『行正り香のヘルシーアジアごはん』（いずれも文化出版局）など多数。

ブログ「by 行正り香」
http://www.ameblo.jp/rikayukimasa/
携帯サイト「行正り香のレシピ集」
http://www.rika-recipe.com

ブックデザイン　奥村啓子（ディ・クルール）
撮影　名取和久
スタイリング　澤入美佳
校閲　山脇節子
編集　浅井香織（文化出版局）

撮影協力
菱田賢治（器）
アクセル ジャパン（テーブルクロス）
電話　03-3382-1760
UTUWA
電話　03-6447-0070

だれか来る日の和食メニュー

発行　2013年7月14日　第1刷

著者　行正り香
発行者　大沼 淳
発行所　学校法人文化学園 文化出版局
〒151-8524
東京都渋谷区代々木3-22-1
電話　03-3299-2565（編集）
03-3299-2540（営業）

印刷・製本所　凸版印刷株式会社

文化出版局のホームページ
http://books.bunka.ac.jp/